KB265486

광덕스님 시봉일기 · 9

佛光香風 9

# 광덕스님 시봉일기 · 9
－보현행원으로 보리 이루리－

엮은이 · 松菴至元
펴낸이 · 김인현
펴낸곳 · 도서출판 도피안사

2008년 2월 20일 1판 1쇄 인쇄
2008년 2월 25일 1판 1쇄 발행

관리 · 혜관 박성근, 법해 김대현
인쇄 및 제본 · 금강인쇄(주)

등록 · 2000년 8월 19일(제19-52호)
주소 · 경기도 안성시 죽산면 용설리 1178-1
전화 · 031-676-8700
팩시밀리 · 031-676-8704
E-mail · dopiansa@kornet.net


ⓒ 2008, 송암지원

ISBN 978-89-90223-35-7 04220
　　　89-951656-0- x (세트)

· 책값은 뒤 표지에 적혀 있습니다.
· 잘못된 책은 바꿔드립니다.
· 이 책의 내용 전부 또는 일부를 다른 곳에 사용하려면 반드시 저작권자와 도피안사 양측의 서면 동의를 받아야 합니다.

眞理生命은 깨달음(自覺覺他)에 의해서만 그 모습(覺行圓滿)이 드러나므로
도서출판 도피안사에서는 '독서는 깨달음을 얻는 또 하나의 길' 이라는 신념으로 책을 펴냅니다.

佛光香風
9

# 광덕스님 시봉일기 9

보현행원으로 보리 이루리

송암 지원 엮음

DOPIANSA
到彼岸社

結　　社　　是


보현도량 도솔산 도피안사는 개산조이신 金河堂 光德大禪師의
문서포교 불사를 계승하기 위하여 도서출판 到彼岸社를 별도 설립하여 우량도서를 精選 출판하고 있습니다.
이에 보다 효과적인 문서포교를 이룩하기 위하여 개산조의 '불서읽기' 운동을 계승하여
'종이거울 자주보기' 운동을 펼쳐나갑니다.

종이거울 자주보기 – 유리거울은 내 몸을 비춰주고
종이거울은 내 마음을 비춰준다

'보현행원으로 보리 이루리!'

코끼리가 연꽃을 받들고 가는 것은
보현행원품의 주제인 '以普賢行 悟菩提 – 보현행원으로 보리 이루리' 를 상징(설명)합니다.
(코끼리는 보현행원의 원만, 연꽃은 무상보리의 성취를 뜻하며
또한 이 두 이미지의 일치는 禪家一句인 向上一路의 형상화임)

獻　　辭

일생을 보현행자로 살았고 반드시 이 땅에 환생하여
반야바라밀결사 구국구세운동을 다시 이을 것을 서원하신
金河堂 光德大禪師의 환생 후신전에
삼가 이 책을 바칩니다.

傳　　法　　五　　誓

글씨 / 석주(1986년 作)

왼쪽은 先師께서 매월 포살 때 대중에게 다짐받은 포살 계목 중의 하나이고,

오른쪽은 매주 법회 때마다 동참 대중이 함께 다짐한 傳法五誓임.(필자)

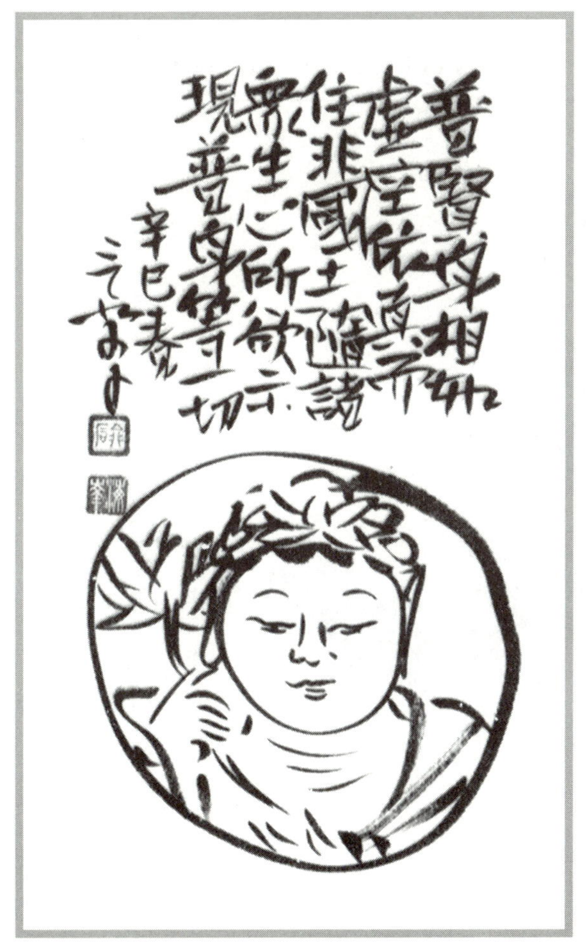

그림 / 석정

| | | | |
|---|---|---|---|
| 普賢身相如虛空 | 보현보살 | 미묘한몸 | 형상이없어 |
| 依眞而住非國土 | 어느 때나 | 법신광명 | 두루 비추네. |
| 隨諸衆生心所欲 | 일체중생 | 원하는바 | 이루기위해 |
| 示現普身等一切 | 보현원왕 | 일체처에 | 현전하시네. |

# ‘보현행원으로 보리 이루리!’

“보현행원 수행하는 보살들이여”

1. 모- 든- 부처님께 예경할지라
2. 일체여래 모든공덕 찬탄할지라
3. 시방세계 일체불께 공양할지라
4. 무시이래 지은업장 참회할지라
5. 모든여래 지은공덕 기뻐할지라
6. 일체불께 설법을- 청할지로다
7. 일체제불 주세간을 청할지로다
8. 어느때나 여래따라 배울지로다
9. 온갖형상 일체중생 수순할지라
10. 중생에게 모든공덕 회향할지라

‘허공계가 다하고 중생 다하고
중생의 번뇌가 다할지라도
보살의 행원은 다하지 않아.’

보현행원은 나의 진실생명의 문을 엶이어라
　　　무량위덕 발휘하는 생명의 숨결이어라
보현행원은 나의 영원한 생명의 노래
　　　나의 영원한 생명의 율동
　　　나의 영원한 생명의 환희
　　　나의 영원한 생명의 위덕
　　　체온이며 광휘이며 그 세계이어라.


내 이제 목숨 바쳐 서원하오니
삼보 자존이시여 증명하소서


보현행원을 수행하오리
보현행원으로 불국이루리
보현행원으로 보리이루리
나무마하반야바라밀
나무대행보현보살마하살

그림 / 소공

울려서 법계를 진동하여 천
위산이 밝아지고 잠잠해서 겁
전봄소식이 겁후에 찬란해라
일찌기 형상으로 몰 형상을
떨쳤으니 금정산이 당당하여
그의 소리 영원하리

근하광덕대선사 열반송 을쓰다

기묘년봄　법진 정웅 흐

글씨 / 법진

# 眞　影

결혼식장에서 주례를 맡아서 삼귀의를 인도하시는 스님

金河堂 光德大禪師는
1927년 4월 4일(정묘년 3월 3일) 경기도 화성에서 출생.
1950년 가을, 24세 때 부산 범어사 입산. 그 이후 오직 爲法忘軀 傳法度生으로 이 시대의 횃불이 되다.
1999년 2월 27일 오후 2시경 불광사 법주실에서 세수 73세,
법랍 48세로 사바 세연을 조용히 거두고 대원적 무상(無相) 삼매에 들다.(연보는 뒷면)

- 門人 松菴至元 謹招

# 무상(無常) 뒤에 無常을 넘어

가산지관(伽山智冠) | 경국사 회주, 전 동국대학교 총장


무상(無常)한 일 뒤에 무상(無常)을 넘어서는 깨달음이 뒤따른다면 그것은 이미 무상을 넘어서는 뜻깊은 일이다.

금하광덕(金河光德)스님이 일생에 빛나는 구도행각과 열정적 구제발원을 성취하고, 마치 구름처럼 자재롭게 떠나가신 자리에, 스님을 기리는 간절한 마음이 그렇듯 무상을 넘어서고 있다. 스님의 고고한 일상들은 그대로, 그리워하는 모든 사람들의 마음에서 새롭게 자각되고 각인되어, 드디어 스님의 마음이 중생들의 마음으로 새롭게 환생하고 있는 것이다.

스님은 부처님을 아무리 높이 받든다 하여도 전법도생(傳法度生)을 하지 않으면 부처님의 홍대(弘大)한 은혜를 보답할 수 없다는 원력으로 불꽃처럼 살다 가셨기에, 그 후광(後光)에 힘입은 후학들이 다시 그 빛나는 일을 이어 영원히 사는 길에 동참해 갈 수 있는 것이다.

스님의 상좌인 송암지원(松菴至元) 비구가 범어사 행자생활 때부터 대각사·보현사·불광사 등 여러 곳에서 스님을 모시면서 직접 받은 교훈, 보고 느낀 감명 깊은 현장, 스님께서 다른 사람들과 나눈 인연담 등 그때그때마다 한 꼭지씩 적어 두었던 생생한 현장일

기를 시리즈로 엮어 '광덕스님 시봉일기'라는 이름으로 발간하게 되었다며 원고를 들고 찾아왔다. 원고를 훑어보니 일반에 알려지지 않은 스님의 내면세계와 불교를 위한 깊은 서원, 제자와 신도를 지도하는 자상한 수연담 등을 생생하게 전하고 있다.

중국 수의 천태지자(天台智者)대사, 그의 종설겸통(宗說兼通)한 지혜와 변재를 고금에 따를 자가 없겠지만, 그러나 그가 남긴 많은 설법을 제자인 관정(灌頂)이 그때그때 기록한 덕분에 오늘날 우리가 천태의 감로(甘露)를 얻어 마실 수 있게 되었다. 그래서 선학(先學)이 후학(後學)의 효심을 만나면 선학의 진면목을 생전의 자신보다 더 진솔하게 내보일 수 있게 된다. 이에 참으로 송암비구의 효심이 갸륵하다 하지 않을 수 없다.

끝으로 사부대중 여러분들이 이 글을 통해 금하광덕스님의 모습을 더더욱 깊이 만날 수 있다면 글을 쓴 이의 큰 공덕이 될 것이다.


불기 2543(1999)년 5월 5일
가산불교문화연구원에서

# 용생룡(龍生龍)이요, 봉생봉(鳳生鳳)이라

무주청화(無住淸華) | 성륜사 조실·조계종 원로

금하당(金河堂) 광덕 큰스님은 한국불교사에서 찬연히 빛나는 불멸의 횃불이시다.

큰스님은 복잡한 서울, 그 한가운데서 문수의 투철한 반야지혜(般若智慧)와 보현의 훈훈한 자비행원(慈悲行願)을 몸소 실천하신 대비보살이셨음은 비단 우납(愚衲)만의 찬탄이 아닌, 모든 불자의 위대한 의호(依怙)로서 앙모(仰慕)해 마지않는 불세출(不世出)의 선지식이시다.

큰스님 유별(有別)의 청수(淸秀)하고 고결(高潔)한 풍모와 이십여 성상을 두고 불광지를 통해 베풀어 주신 시기상응(時機相應)한 사자후는 모든 불교인들의 가슴에 뜨거운 감격으로 오래오래 메아리치게 될 것이다.

고인(古人)의 격담(格談)에 용생룡(龍生龍)이요 봉생봉(鳳生鳳)이라 했는데, 큰스님의 문하에 수많은 용상대덕들이 나오신 가운데 특히 송암당(松菴堂) 지원화상은 철두철미(徹頭徹尾) 지성일관(至誠一貫)하여 은법사(恩法師)인 광덕 큰스님의 고매한 유지를 받들어

『광덕스님 시봉일기』라는 책을 펴냈을 뿐만 아니라, 도피안사의 대
작불사를 발원 진행중이시니 실로 사자상승(師資相承)의 귀감으로
서 우리 불가의 희유한 수범(垂範)이 아닐 수 없다.

　본시 우납은 평소 도회은거(韜晦隱居)로 지내왔기에 광덕 큰스님
과 배면(拜面)의 연(緣)은 없었으나 큰스님의 출천고풍(出天高風)은
이심전심으로 경모해 마지않았다.

　이번 송암화상의 간곡하신 부탁을 과분하게 생각하며 다만 성긴
말 몇 마디를 보태어 추천사를 대신하는 바다.


辛巳年(2001년) 부처님 오신 날을 앞두고

聖輪寺　禪窓에서

無住 淸華 合掌

# 기도하면서 썼고, 쓰면서 기도한 스승 존경의 길잡이

원성 김종서(圓成 金宗西) | 문학박사 · 서울대 명예교수

불과 얼마 전에 있었던 일이다. 내가 교직생활을 처음 시작할 무렵에 가르쳤던 제자 십여 명과 오랜만에 저녁식사를 같이 했다.

그때 그들 중 몇 명이 방 밖 출입이 잦았다. 아마도 담배를 피우기 위해 드나드는 것 같아서 나는 이를 눈치채고 "담배를 밖에서 피우지 말고 여기서 피우지"라고 말했더니 그들은 "스승님 앞에서 어떻게 담배를 피웁니까?"라고 대답하는 것이었다. 그때 나는 "지금 몇 살이나 되었지" 하고 다시 물었더니 머리를 긁적이며 "일흔 셋입니다"라고 말하는 것이었다.

이것이 원래 우리의 '스승과 제자' 관계였다. 그러나 최근에 와서 이러한 전통적인 관계는 땅에 떨어지고 스승이 체벌을 한다고 학부모나 학생이 선생님을 고발하고 심지어는 폭행까지 하는 현상까지 나타나고 있으니….

아, 이 어찌된 일인가? '군사부일체(君師父一體)'니 '스승의 그림자는 밟지도 않는다'는 말은 이미 옛말이 되고 말았는가? 참으로 비감(悲感)한 생각마저 드는구나!

이때, 홀연히 한줄기 희망의 빛이 비쳤으니 바로 송암지원(松菴至元) 스님이 지어낸 『광덕스님 시봉일기』 시리즈다. 이 책은 스승과 제자의 관계를 올바르게 정립하는 지침서며 시금석(試金石)이기도 하다.

살펴보면 오늘날의 사회는 급격히 변하고 있다. 이 급변하는 사회에 사는 현대인은 두 가지의 가치관(價値觀)을 동시에 추구해야 한다. 그 하나는 변하는 사회에 적응하기 위한 '변하는 가치관'의 추구며, 다른 하나는 사회가 아무리 변해도 변해서는 안 되는 '항구적 가치관'의 추구다. 스승 존경의 가치관은 후자에 속한다. 왜냐하면 사제지간의 올바른 관계의 설정이 이 사회를 발전시키는 근간이고 원동력이 되기 때문이다.

인류가 쌓아 놓은 문화유산의 전달자는 스승이며 이를 전수받은 제자는 이를 보다 확대 발전시켜 다음 세대를 위한 전달자가 되어야 한다. 이러한 스승 존경의 훌륭한 전통은 특히 우리 불교에서 더욱 뚜렷이 나타나고 있다.

　도(道)를 구하기 위해 자신의 팔을 끊어 스승인 달마대사(達磨大
師)에게 바쳤던 혜가(慧可)스님의 이야기는 비록 불자가 아니라고
해도 모르는 사람이 없을 정도로 널리 알려져 있다. 이리하여 '역
대전등 제대조사(歷代傳燈 諸大祖師)'가 부처님 가르침의 정법(正法)
을 면면히 이어나가고 있다.

　송암스님이 쓴 이 책, 『광덕스님 시봉일기』는 스승을 어떻게 받
들어야 하는지를 우리의 마음과 몸속에 깊숙이 스며들도록 제시하
고 있다. 또 이 책은 저자인 송암스님이 다년간에 걸친 관찰과 체
험과 감동을 통해 스승이신 광덕대선사의 불교사상과 수행 실천의
모습을 실상 그대로 예리한 필봉으로 부드럽게 표현한 스승 존경의
길잡이 책이다. 여기에는 저자가 평소 스승이신 광덕스님을 얼마나
절대시했고 존경했으며, 진심으로 받들었는지 구구절절이 잘 나타
나 있다.

　특히 시봉일기 중에서 처음 두 권은 저자가 스승께서 입적하신
뒤 백일 추모재를 올리는 날, 제1권을 상재(上梓)하고 바로 티베트

수미산과 인도 부처님 성지(聖地)를 돌며 스승의 환생기도를 올렸다고 했다. 그때 깨닫는 바가 있어 스승의 1주기 재를 올리는 날, 천일기도를 입재하고 그날부터 집필에 들어가 정확히 367일 만에 제2권을 세상에 내놓았다. 이제 또 저자는 집필에 착수하여 천일기도가 끝날 무렵 나머지 책을 마저 출간할 예정이라고 한다.

즉, 이 책은 저자인 송암스님이 천일기도를 하면서 썼고, 쓰면서 기도했기 때문에 글 하나하나가 살아 있어서 책을 읽는 독자의 피부를 뚫는 느낌을 받게 된다.

아무쪼록 이 책이 스님들은 말할 것도 없고, 학교 교육자, 사회 교육자, 학부모, 사회인, 학생 등 모든 사람들에게 널리 읽혀 스승과 제자의 본래 면목을 각기 되찾아 스승 존경의 풍토가 이 사회에 다시 가득 차기를 바라는 간절한 마음에서 이 책을 추천한다.

2001년 스승의 날을 앞두고

圓成居士 金東西 합장

# 기록의 백미(白眉), 일기 장르

달공 조홍식(達空 趙洪植) | 문학박사, 성균관대 명예교수

한 선지식(善知識)의 수행기록이 일기의 이름으로 그 시봉(侍奉 : 上佐, 弟子)에 의해 편찬되었다.

한국전쟁이 발발하던 해가 1950년, 고처사(高處士)가 범어사에 입산한 해 이래로 1999년 세수 73세로 원적에 이르기까지 그 행장의 대부분이 담겨져 있다.(물론 고처사의 어린시절 이야기도 나온다)

현장 거기, 있었던 그대로 리얼하게 드러내기 위하여 일기의 형식을 빌었는가. 분량에 있어서도 단행본 한두 권 정도가 아닌 무려 10권이 넘는 대형 전집. 게다가 권마다 300여 쪽에서 500여 쪽에 이르는 거권(巨卷)들이다.

세계적으로 가장 방대한 일기는 19세기의 프랑스 작가 아미엘의 것을 들 수 있을 것이다. 174권의 노트, 16,900쪽에 달한다. 그 가운데 일부가 그의 사후(死後)에 500쪽에 해당하는 일기초(日記抄)로 2권이 간행되었다. 그 후 다시 1,100쪽에 해당하는 분량이 출간되고, 다시 전량의 일기 간행이 기획되었다고 알려졌다.

그는 일생동안 독신으로 일관하였다. 따라서 여성에 대한 열정의 기록은 읽는 이로 하여금 소설의 흥미를 돋우기도 한다. 그러나 전

체적으로 조감할 때는 그의 남다른 독서에서 오는 영향이 크다. 즉 당대 작가들의 작품 비평, 따라서 문학과 예술 비평이 그의 일기의 주류를 이루고 있다. 게다가 모럴리스트로서 당대 사회와 정치 및 풍속에도 날카로운 비평의 안목으로 기록하고 있다.

이와 같이 문학의 일기는 독립된 한 장르로서 그 시대의 사회 전반의 상세한 기록이다. 때문에 자연 당대보다도 후세에 더 많은 각광을 받게 된다.

문학사에서뿐만 아니라 사회나 정치문화 전반에 걸쳐 많은 연구가들이 이 일기를 탐독하여 적지 않은 재료를 얻어낸다. 일기는 거짓 없는 인간의 정신사이기 때문에 가장 신빙할 수 있는 정직한 역사가 될 수 있어서이다. 후세 사가, 연구가들이 언젠가 믿고 찾을 수 있도록 대개는 국립도서관에 깨끗이 보관되어 있다. 한 작가를 연구하기 위해서는 무엇보다 그 사람의 일기를 읽어야 한다. 일기는 그 작가의 양심의 고백이기 때문이다. 그래서 아무리 난해한 작품이라도 수수께끼를 푸는 열쇠는 다른 데 있지 않다. 20세기의 양심이라는 앙드레 지드의 경우는 일기가 그의 혼의 수련도장이었다고까지 고백하고 있다.

한 사람의 신앙고백까지도 그 사람의 일기를 통해서 알려진다. 그 사람의 온갖 비밀이 그 속에 숨어 있는 까닭이다. 공꾸우르 형제의 「문학생활의 수기」라는 부제를 붙인 그의 일기의 일부는 생전에 발표되는 것을 기피했다. 사후(死後) 20년이 경과된 뒤에 세상에 발표하는 것을 허락하였다.

또 쥴르 르나아르의 경우는 23세부터 죽기 한 달 반 전까지 일기를 빠짐없이 써 나갔다. 작가가 세상을 떠나고 일기를 발표할 즈음에 그의 부인이 원고를 일일이 살폈다. 생전에 복잡하였던 여성관계의 비밀을 모두 파기해 버리기 위해서였다. 그럼에도 당대의 배우, 작가, 예술가 등 문단의 저명인들을 신랄하게 비평한 내용들이 많았다. 당대 문단의 이면사를 한 눈에 볼 수 있었다.

이 여러 가지 흥미로운 사건들이 담겨진 일기가 발표되자 센세이션을 일으킨 것은 당연지사였다. 일기는 픽션일 수 없기 때문이다. 아울러 거기에는 여러 가지 교훈도 담겨 있다. 물론이다.

이상 일기의 장르가 갖는 특징을 몇 가지 실례로서 알아보았다.

이 '광덕스님 시봉일기' 시리즈는 광덕스님의 전기(傳記)로도 손색이 없다. 스님의 사생활 기록도 이보다 더 세밀할 수가 없기 때문이다. 왜냐하면 시봉(侍奉)인 그 제자는 은사의 분신으로 스승을 가까이에서 모셨다는 사실이다. 한 집에서 같이 살고, 한 솥의 밥을 먹고, 기거(寄居)를 더불어 하고, 호흡을 함께 한 그림자였다. 그 시봉, 송암의 몸이 곧 스승의 수족이듯 그 생각 또한 떨어질 수가 없었으리라. 일심동체 그대로.

뿐만 아니다. 광덕스님 자신이 수행자로서 선지식으로서 스승으로서 뛰어난 자질을 두루 갖추었기 때문이기도 하리라. 이토록 훌륭한 선지식, 빼어난 수행자, 특출한 스승이라도 부처님이 그랬듯이 역시 무상(無常)을 넘을 수는 없다. 무여열반의 부처님을 우리 곁에 모시고 시봉할 수 있는 방법은 부처님 행장의 기록뿐이다. 그러므로 온전히 모실 수 있는 것은 온전한 기록뿐이다. 이런 점에서 시봉일기는 그 가치를 갖는다.

그 스승을 잘 시봉하기 위하여 스승의 행적을 사실 그대로, 간직하는 일. 그것은 오로지 착오가 없이 기록하는 일이다. 시봉(侍奉),

자신이 보고 들은 사실들을 재확인하는 뜻에서 여기 참여한 그때, 그곳에 함께 한 이들의 보고 들은 사실도 보충의 의미를 갖는다. 일기 속에 자신의 기록 이외에 다른 도반들의 청문(聽聞)을 여러 모로 받아들이는 이유가 여기에 있다 하겠다.

기록은 망각(忘却)을 되살린다. 세월은 지나가는 것이다. 흘러간 세월 뒤에는 망각만이 남는다. 산천도 변하고 인걸도 돌아간다. 그 뒤에 남는 것은 오직 망각뿐이다. 팔만대장경이 존재해야 할 이유가 여기에 있다. 대장경은 경장(經藏)이다. 삼보(三寶) 중에 승보(僧寶)인 선지식들의 법문은 논장(論藏)에 해당된다. '광덕스님 시봉일기' 시리즈도 논장임에는 틀림없다. 부처님께서 열반에 드신 후, 구송(口誦)의 결집이 없었던들 부처님이 이 사바세계에 다시 출현하셔야 할 번거로움이 남았을 것이다.

십대제자들의 구송과 부처님 행장의 기록, 이 역시 부처님 설법의 부연설명이다. 그 후 오늘까지 수많은 선지식들의 행적 역시 그러하다. 그러나 불법의 후속 조치는 이상의 것으로 충분한 것은 아니다. 면면히 이어져 오는 스승들로부터 쏟아져 나오는 언어행동이

도리어 번거로울 수 있을지 모른다. 하지만 시간은 모든 것을 변화시키기 때문에 지나간 스승의 가르침의 수단도 변하지 않을 수 없다. 스승이 가고 또 사이사이에 중생도 가고 온다. 생활풍속과 언어 문자도 변화한다. 여기에 끊임없는 기록의 필요성이 대두된다.

역사를 만드는 것은 기록이다. 기록을 게을리하던 시대는 역사 역시 사라졌다. 공백의 역사는 무엇으로도 되살릴 길이 없다. 고고학자들의 노고가 얼마나 크랴? 그래도 분명 한계는 있다.

이 '광덕스님 시봉일기' 시리즈는 광덕스님이 살아온 한평생의 기록에 그치는 것이 아니다. 거기에는 그 주변의 수많은 인물들이 동원되고 참여하고 있다. 이를 통해서 이 시대, 한국불교의 역사적 기록으로도 손색이 없을 것이다.

한 시대를 살고 간 한 선지식의 생애를 긴 역사의 안목으로 볼 때는 한순간에 지나지 않는다. 도도히 바다로 흘러가는 긴 강에 비해서는 골짜기 샘물에 불과하다. 그러나 한 시대의 연원을 캐기 위해서는 그 순간순간을 연구하게 되고, 긴 강의 근원을 알기 위해서는 계곡 하나하나를 뒤지지 않으면 안 된다. 이런 점에서 '광덕스님 시봉일기’ 시리즈는 역사적인 사업이 아닐 수 없다. 후세의 사가(史家)들이 이 시대, 한국의 불교사를 연구함에 있어 그 얼마나 귀중한 자료가 되랴.

비단 역사적인 고증을 위해서만 이 기록이 의의(意義)를 갖는 것은 아니다. 이런 여러 가지 업적 중에서도 이 사업의 가장 큰 의의는 불법을 전수한다는 거룩한 사업이 거기에 있다. 그리고 수행자란 과연 어떠해야 하고 또 어떻게 살아야 하는가를 보여주어 만천하 수행자들에게 귀감이 된다는 뜻이 거기에 있다.


2004년 10월
불광회 창립 30주년의 소식을 전해 들으며
河南 古州山房에서

차례



# 제1부 · 보현행원으로 보리 이루리

# 제1부

# 보현행원으로 보리 이루리

-以普賢行悟菩提-

잎사귀마다 맑은 바람
그대를 위하여 일으키네

爲君葉葉起淸風

# 미국에서 강의한 『화엄경』「보현행원품」

박성배 – 미국 뉴욕주립대학교 스토니부룩대학 불교학교수

# 머리말

자기는 아주 잊어버리고 오직 일체 중생을 위해서만 산다. 영원에서 영원이 다하도록ㅡ. 법성(法性)이 무진(無盡)하므로 법계(法界)가 무한(無限)하며 법계가 무한하므로 시분(時分)이 무량(無量)하다. 시분이 무량하므로 중생이 무변(無邊)하며 중생이 무변하므로 자비(慈悲)가 무궁(無窮)하다.

이렇듯 중중무진(重重無盡)한 법계연기(法界緣起)의 대원리는 화엄정경(華嚴正經)에 원만구족하였으니, 이는 우주의 근본법칙이며 불타의 구경교칙(究竟敎勅)이다. 따라서 심현오묘(深玄奧妙)한 이 진리를 요약한 보현보살의 행원품은 불교의 골수요, 대도(大道)의 표준이다.

광대무변한 법성의 지혜와 자비로써 무진법계의 무량중생을 위하여 무한시겁(無限時劫)이 다하도록 무애자재한 대활동을 하되 추호의 피로도 염의(厭意)도 찾아볼 수 없는 거룩한 성행(聖行)ㅡ, 이것이 보현보살의 서원이며 미진제불(微塵諸佛)의 본회(本懷)이다.

이 법을 알아 이 법을 행할 때 시방진계(十方塵界)가 극락정토 아님이 없으며, 육취중생(六趣衆生)이 묘각여래(妙覺如來) 아님이 없다. 이리하여 사바(娑婆)의 모든 모순과 투쟁은 영원히 사라지고 평화와 자유로써 장엄한 대낙원의 무한광명이 항상 우주를 비춰 널리 싸고 있을 것이다.

현현묘묘(玄玄妙妙)한 이 진리를 이름하여 불가사의해탈경계(不可思議解脫境界)라고 한다. 삼라만상 일초일목이 다 불가사의며 일체 중생의 일거일동이 다 해탈경계니 참으로 불가사의 중 불가사의다. 이것은 이론에 있지 않고 실천에 있는 것이다. 이 불가사의 해탈도는 보현보살의 십대원(十大願)이 그 지침이니 이 십대원을 근수역행(勤修力行) 함으로써 누구나 다 일체 중생과 더불어 화장찰해(華藏刹海)의 대해탈인임을 알 것이다.

이 무진보장(無盡寶藏)의 성전(聖典)이 난해한 한문 속에 갇혀 있는 것을 광덕(光德)스님의 원력으로 국역이 완성되어 이에 모든 사람 앞에 널리 개방되었다.

감로(甘露)의 문은 이제 남김없이 활짝 열렸으니 이 금언성구(金言聖句)를 부지런히 독송하며 힘써 실천하여 저 보현대사(普賢大士)와 같이 미래겁이 다하도록 오직 일체 중생을 위해서만 사는 사람이 되어야 할 것이다.

암흑 속에서 헤매는 이들이여!

어둡다고만 한탄하지 말고 두 눈을 바로 뜨자! 우리 모두가 본래부터 만고불멸(萬古不滅)의 대광명 속에서 살고 있나니….

伽倻山에서 戊申(1968) 榴夏

退翁性徹 합장

# 광덕스님을 기리며

1969년 1월 19일, 내가 미국으로 떠날 때 광덕스님은 나를 김포 공항까지 환송해 주셨다. 1979년 12월, 만 10년 만에 그리던 조국을 방문했을 때도 광덕스님은 나를 위해 환영법회를 열어 주셨다. 그때나 지금이나 항상 시간에 쫓기는 삶이라 이러한 환영법회는 나의 시간을 많이 절약하게 해 주었다. 떠날 때나 돌아올 때나 많은 스님들이 나를 환송하고 환영해 주셨지만 항상 동년배의 친구 스님이나 후배 되는 스님들이었다. 선배 되는 큰스님이 나를 이렇게 챙겨 주신 것은 광덕스님이 유일했다.

광덕스님은 내가 동국대학교의 학부시절부터 자주 찾아뵙던 큰스님이었다. 광덕스님은 스님 티를 전혀 내지 않으셨다. 그래서 스님은 나에게 친구처럼 느껴졌다. 속 이야기를 마음 놓고 털어놓을 수 있는 스님, 그런 스님이 광덕스님이었다. '광덕스님' 하면 항상 떠오르는 생각이 있다. 그것은 나에게 보현행원사상에 눈뜨게 해 주신 분이 광덕스님이었다는 사실이다. 그래서 나는 지금도 광덕스님의 그 은혜를 잊지 못한다.

나는 오늘 이 자리에서 우리 스님께 은혜 갚음의 일환으로 한 가지 어려운 질문을 드리고 싶다. 이 질문은 오랫동안 내 마음에서 사라지지 않은 질문이다. 그러면서도 차마 한번도 여쭈어 보지 못했다. 스님이 생존해 계실 때 여쭙지 못한 질문을 돌아가신 지 10여 년이 지난 오늘 새삼스럽게 끄집어내는 데에는 그럴 만한 까닭이 있다. 그것은 이 질문이 나 혼자만의 질문도 아니고 일시적인 질문도 아니라는 데에 있다.

1960년대 초반, 내가 뚝섬 봉은사에 대학생수도원 지도교수로 있을 때의 일이다. 당시 대학생불교연합회의 지도법사이셨고 봉은사의 주지이셨던 광덕스님은 대학생수도원에 특별한 배려와 애정을 베풀어 주셨다. 그러나 수도원의 환경은 그렇게 좋은 편이 못 되었다. 관광객들이 시도 때도 없이 절 안으로 들어오기 때문에 수도원의 분위기는 영 말이 아니었다. 마침내 우리들은 결정을 내렸다. 절 주변에 철조망을 치기로 했다. 그리고 정문에 수위실을 만들어 드나드는 사람들을 통제하기로 한 것이다. 적지 않은 비용이 들지만 후원자가 있었다. 신심이 돈독하고 항상 대학생불교연합회를 돌봐주던 덕산 이한상 거사가 모든 비용을 대주기로 했다. 일은 순조롭게 진행되었고, 봉은사는 제법 수도원 분위기를 되찾게 되었다.
그런데 예기치 않은 일이 벌어졌다. 봉은사를 찾는 관광객들을 상대로 밥장사를 하던 사람들이 철조망 철거를 요청하는 항의데모를 벌인 것이다. 자기들은 밥장사로 겨우 생계를 유지하고 사는데, 절에 철조망을 쳐버리면 우리는 어떻게 살라는 거냐고 울부짖었다. 예기치 않았던 사태였다. 나는 어쩔 줄 몰랐다. 그러나 광덕스님의 태도는 의연했다. 이 일은 부처님 일이기에 부처님 뜻대로 해야 한다는 것이었다. 절을 지은 것은 수도하기 위함이요, 철조망은 수도를 돕는 일이므로 그것은 부처님 일이라는 논리였다. 그때 나는 스님의 의견에 동의했다. 그러나 내 마음 한 구석에 개운치 않은 느낌이 가시지 않았다. "우리 함께 살자"는 절 주변 밥장사들의 아우성이 내 마음속에서 사라지지 않았다. 나중에야 안 일이지만 그 밥장사들은 대개가 옛날 봉은사에서 살았던 대처승들의 가족들이라고 했다. 몇 년 후 나는 봉은사를 떠났고 전전하다가 지금은 미국에서 살고 있지만 그 숙제는 여전히 풀리지 않은 채 내 마음속에 남아 있다. "우리 함께 살자"는 밥장사들의 아우성과 우린 지금 부처님 일을 하고 있으니 개의치 말자는 스님의 말씀이 지금도 내 마음속에서 팽팽히 맞서 나를 괴롭히고 있다.

"스님, 부디 다시 나셔서[환생] 이 문제를 풀어 주소서" 하는 기도가 저절로 나온다.

비슷한 문제가 그 뒤에도 계속 일어났다. 1960년대 중반쯤, 내가 가야산 해인사 백련암에서 성철스님을 모시고 살 때의 일이다. 옛날 학생이 나를 찾아왔다. 출가하여 스님이 되기 위해서였다. 그러나 성철스님은 그를 받아주시지 않았다. 이유는 그 학생이 폐병환자라는 것이었다. 전염병을 앓고 있는 환자를 받아들이면 대중의 건강이 위험해진다는 것이었다. 아무도 스님의 결정에 이의를 달지 않았다. 그러나 그때도 내 마음은 개운치 않았다. 그 학생이 산문을 내려가면서 마지막으로 나에게 던진 말이 화살처럼 내 심장에 꽂힌 것 같았다. 그 학생의 말은 "우리 함께 살면 좋지 않겠습니까" 였다. 봉은사 주변의 밥장사들 말과 똑같은 말이었다. '모두 함께 산다'는 불교의 진리와 이를 실천하기 위해 만들어진 불교 집단 사이엔 좁혀지지 않는 거리가 있어 보였다.

1979년, 10년 만에 한국에 돌아와 보니 그동안 한국은 많이 변해 있었다. 광덕스님이 만든 불광법회는 잠실에 터전을 마련하고 있었고, 사찰의 규모도 어마어마하게 컸으며 신도들도 엄청나게 많았다. 모두 광덕스님의 법력이라고 칭송이 자자했다. 그러나 절이 커지고 신도들이 많아지면서 여러 가지 예기치 않은 문제들도 함께 생긴 것 같았다. 그 가운데 하나가 광덕스님의 지도 노선이었다. '마하반야바라밀' 일곱 글자만 외우면 된다는 광덕스님의 가르침이 성철스님의 귀에 들어갔다. 성철스님은 '천연외도(天然外道)'라고 일언지하에 광덕스님의 지도 노선을 비판했다. 성철스님은 '출가하고 화두를 받아 오매일여의 경지를 거쳐 확철대오하지 않으면' 아무도 깨쳤다는 말을 할 수 없는 것이라고 잘라 말씀하셨다. 이에 대한 광덕스님의 답변을 나는 듣지 못했다. 나는 그 뒤에도 거의 매년 한국에 나와 광덕스님을 찾아뵈었지만, 나는 그 질문을 광덕스님께 여쭈어 보지 못했다.

이제 스님은 가시고 풀지 못한 문제는 내 스스로 풀 수밖에 없게 되었다. 나는 이런 몇 가지 문제를 나의 몸과 몸짓의 논리로 풀어 보았다. 사람은 누구나 몸짓으로 산다. 몸짓 없는 사람은 사람이 아니다. 성철스님도 몸짓으로 살고 광덕스님도 몸짓으로 산 분이었다. 모든 몸짓엔 항상 언제 어디서라는 제한이 붙는다. 성철스님의 '언제 어디서'는 광덕스님의 '언제 어디서'와 다르다. 성철스님은 단 한 번도 광덕스님처럼 중생들의 현장에 뛰어 들어가 본 적이 없었다. 서울 한복판에 커다란 절을 지어 절문을 활짝 열어놓고 매일매일 별별 신도들을 다 상대하는 광덕스님의 현장은 성철스님의 현장이 아니었다. 성철스님의 현장은 절이었다. 성철스님은 이런 차이를 "소매상은 하지 않는다"는 비유로 풀었다. 성철스님의 최대 관심사는 절에 사는 사람들, 즉 승려였다. 그러나 광덕스님의 관심사는 달랐다. 절을 찾아오는 모든 사람들이 스님의 관심사였다.

'있는 그대로 바로 이 자리에서 결판을 내야 한다.'

이것은 모든 출가자들의 금언이다. 그러면서도 성철스님은 항상 "출가하라, 머리를 깎고 중이 돼라, 화두를 들라, 오매일여가 되어야 한다, 대오(大悟)로 위즉(爲則)하는 확철대오만을 수행의 목표로 삼아라" 등등의 말씀을 끊임없이 하셨다. 산속에 살면서 산중의 스님들에게 정열을 불태우신 성철스님과 서울 한복판에서 오만가지 신도들을 상대하는 광덕스님과의 대결, 이 대결이 지금도 내 마음 속에서 맞서 있으면서 나에게 해결을 강요하고 있다.

광덕스님은 나더러 부디 보현행자가 되어 달라고 당부하셨다. 나는 지금도 그 당부를 잊지 못하고 있다. 스님의 권유로 나는 「보현행원품」을 독송하기 시작했다. 1963년 나는 동국대학교 대학선원에서 「보현행원품」을 강의했다. 학생들이 많이 왔고 신도들도 많이 왔다. 겉보기로는 대성공이었다. 그러나 이때에도 흥미로운 현상이 내 속에서 벌어지고 있었다. 「보현행원품」 강의를 통해서 보현행원 사상이 뚜렷해질수록 내가 보현행자가 아니라는 사실이 나를 괴롭혔다. 정말 내 공부는 뒷전으로 물러가고 있다는 자괴(自愧)와 자책(自責)이 나를 힘들게 했다. 그러면서 말만 있고 실천이 없는 공부에 점점 흥미를 잃었다. 그 뒤에 실천 위주의 공부에 몸을 던졌지만 그것 또한 실패로 돌아갔다. 보현행자의 몸짓만 흉내 내는 것으로 공부를 삼았기 때문이다. 그래서 성철스님은 "너에겐 보현이 원수"라고 말씀하셨던 것 같다. 일시 나는 「보현행원품」을 버렸다.

그 결과, 나는 보다 나은 보현행자의 길로 들어설 수 있었던 것 같
다. 그러면 지금부터 내가 읽은 「보현행원품」을 한번 이야기해 보
기로 한다.

# 나와 「보현행원품」

## 1. 중화사(重華寺) 사건

허공계가 다하고
중생계가 다하고
중생의 업이 다하고
중생의 번뇌가 다하여도
나의 이 행원은 다함이 없어
생각생각 상속하고 끊임이 없되
몸과 말과 뜻으로 짓는 일에
지치거나 싫어하는 생각이 없느니라.


옛날 「보현행원품」을 열심히 독송할 때 이 대목에 이르면 나는 신이 났었다. 거기서는 항상 새 맛이 우러나왔기 때문이다. 어려운 말도 아니고 특별한 말도 아닌데 참 이상한 일이었다.

글의 뜻은 글에 있지 않고 글 밖에 있는 것일까. '무유피염(無有疲厭 : 지침도 싫어함도 없이)'이라는 말은 지친 나를 다시 일으켜 주었다. 이제 돌이켜 생각해 보면, 나의 일생은 한 마디로 실패의 연속이었다. 그럼에도 불구하고 다시 일어나 이렇게 또다시 투쟁을 벌이는 것은 「보현행원품」을 독송한 공덕이 아닌가 생각한다.

어릴 때 서당에 다니던 시절, 한학자에게 들었던 말이 생각난다. 공자가 늙어서 힘들어 하는 모습을 보고 제자들이 좀 쉬시라고 권했다고 한다. 그때 공자의 대답이 내 마음에 들었다. "하늘이 쉰 적이 있더냐." 이 말이 사실이라면 공자는 투철한 보현정신의 소유자가 아니었나 싶다.

1962년 봄, 내가 동국대학교 대학선원(大學禪院)의 간사 일을 보고 있을 때의 일이다. 그 당시 대학선원의 원장은 얼마 전에 돌아가신 백양사의 서옹스님이었고, 입승은 인천 용화사의 송담스님이었다. 나는 그때 매주 토요일마다 대학선원에서 『화엄경』 「보현행원품」을 강의했다. 대학에서의 처음 불경 강의라 나는 최선을 다했다. 그러나 사실대로 말하면 '죽을 지경'이었다. 남이야 뭐라 하든 강의하는 사람은 자신이 있어야 하는 법인데, 그때 나는 그렇질 못했다. 내가 가지고 있는 모든 지식과 모든 지혜를 다 동원해도 내 강의는 나를 만족시키지 못했다. 청중에게 미안했다. 한 마디로 말해서 처음 만나는 화엄의 세계에 나는 그저 황홀하기만 했다. 그리고 그 황홀함을 말로 표현할 수가 없었다. 여러 해가 지난 뒤에야 깨달은 일이지만 화엄의 언어는 '몸짓의 언어'가 아니라 '몸의 언어'였음을 몰랐던 것이다. 몸의 언어를 구사할 줄 몰랐던 나는, 그것을 억지로 몸짓의 언어로 결판을 내려 했으니 될 리가 없었다. 마치 '모난 나무를 가지고 둥근 구멍을 막으려(以角木 逗圓孔)' 애쓰는 꼴이었다.

그런데 설상가상으로 당시의 동국대 총장이 나의 대학선원 강의를 문제 삼기 시작했다. 어찌 철학과 출신이 대학의 선원에서 『화엄경』을 강의할 수 있느냐는 것이었다. 물론 나는 그런 비판에 개의치 않았지만 시간강사가 총장과 시비를 벌였으니 결과는 뻔했다. 나는 그 길로 보따리를 싸 짊어지고 절로 들어갔다. 절은 충청 영동의 중화사였다.

나는 중화사에서 아침 일찍부터 밤늦게까지 하루 종일 「보현행원품」만 읽었다. 마치 「보현행원품」과 무슨 원수라도 된 듯이 소리를 지르면서 읽었다. 한 번 읽는 데 약 25분이 걸렸다. 처음엔 첫 문장을 읽을 때는 그 다음 문장이 보이지 않았고, 둘째 문장을 읽을 때는 앞의 첫 문장이 보이지 않았다. 그럼에도 불구하고 읽고 또 읽기를 근 한 달을 계속했더니 뜻밖의 현상이 일어났다.

첫 문장을 읽을 때 둘째, 셋째 문장이 동시에 보이는 것이었다. 뿐만 아니라 마침내는 글의 첫 문장부터 마지막 문장까지가 한꺼번에 눈앞에 나타나는 것처럼 느껴졌다. 일종의 '여대목전(如對目前)'이었다고나 할까. 읽을 때와 안 읽을 때의 차이도 없어지는 것 같았고, 내가 바로 『화엄경』 자체인 듯 느껴졌다. 그러니까 「보현행원품」의 어느 대목에 눈이 가고 있건 그런 것에 관계없이 항상 「보현행원품」 전체가 내 앞에 펼쳐져 있었다.

그것은 전체와 부분이 유기적으로 동시 공존하는 경험이었다. 환희심이 났다. 총장에 대한 불쾌감 같은 것은 사라진 지 오래고, 남들의 평에도 신경을 쓰지 않게 되었다. 내 속을 드러내는 데도 밖의 눈치를 살피지 않게 되었다. 누가 나더러 불교를 믿느냐고 물으면 나는 편안하게 "그렇다"고 대답할 수 있게 된 것이 그 무렵의 일이었다. 나는 이런 경험을 중화사 사건이라 이름 붙여 보았다. 대학선원 강사시절의 그런 어려움을 맛보지 않았더라면, 중화사 사건은 일어나지도 않았을 것이라 생각하니 실패의 교훈이 새삼 소중했다. 그러한 의미에서 동국대학교 대학선원은 내 보현행각(普賢行脚)의 출발점이 된 셈이다.

## 2. 김용사(金龍寺) 사건

중화사 사건 이후 얼마 지나지 않아 나는 대학생불교연합회 구도부(求道部) 학생들과 함께 전국의 큰스님들을 친견하는 구도행각을 떠났다.

1964년 7월 31일, 그날은 어쩌면 그렇게도 더웠는지 모른다. 그 더운 날, 대학생불교연합회 구도부 학생 13명은 경북 문경 김용사 큰 법당에서 3,000배를 하고 있었다. "구도의 마당에 학생이고 지도교수고 무슨 차별이 있을 수 있느냐"는 성철스님의 불호령 때문에 다른 절에서는 의례적으로 받았던 교수 특대의 혜택도 받지 못하고, 나도 또한 학생들과 함께 울며 겨자 먹기의 3,000배를 하지 않을 수 없었다. 냉방은커녕 선풍기 한 대도 없는 법당은 한증막처럼 더웠다.

"한번 시작한 이상 끝나기 전에는 여길 못 나갑니다. 끝내지 않고서 살아서 이 법당 밖으로 나갈 수 있는 길은 없습니다. 그리고 도중엔 한 번의 휴식도 없으니 미리 볼 일을 다 보고 오십시오."

감독하는 시자스님의 주의 말씀이었다. "끝내지 않고서…"라는 말에 유난히 힘을 주어 말하는 시자스님의 목소리는 약간 떨리는 듯했다. 시작부터 한 치 운신의 폭도 주지 않는 매우 긴장된 분위기였다. 드디어 시작의 죽비소리가 "딱" 울렸다. 그러나 겨우 100

배를 하고 나니 벌써 미칠 것 같았다. 바깥 열과 속의 열이 합쳐져 몸은 뜨겁게 달아오르고 숨은 콱콱 막혔다. 그래도 300배까지는 그런 대로 견딜 수 있었다. 그러나 500배가 고비였다. 비 오듯 흐르는 땀 때문에 우리들은 물에 빠진 생쥐처럼 젖어 있었다. 우리들은 절을 하는 게 아니라 빌딩이 넘어지듯 넘어졌다가 넘어진 몸을 다시 일으키는 동작만을 되풀이하고 있는 것 같았다. 기진맥진하여 도저히 몸을 가눌 수가 없었다. 무릎은 깨져 피로 얼룩지고 열기로 탈진하여 더 이상 견딜 수 없게 되자, 학생들은 불평하기 시작했다. "불교는 자비문중이라고 들었는데, 이게 자비문중에서 하는 짓입니까?" 내가 하고 싶은 이야기를 학생이 대신 해 주니 속으로는 고마웠지만 그래도 지도교수라고 겉으로는 큰 소리를 질렀다. "잔소리 마라! 사람이 한번 하기로 했으면 끝까지 하는 거야. 자비문중인지 잔인문중인지는 다하고 난 다음에 따지자." 나중엔 헛소리를 하는 학생도 있었고 벌떡 드러누워 막무가내로 일어나지 않으려는 학생도 있었다.

이렇게 하여 1,000배를 넘겼다. 그 다음 또 1,000배, 특히 마지막 1000배는 어떻게 해냈는지 아무 생각도 나지 않았다. 한 번도 쉬지 않고 약 13시간 만에 우리는 모두 3,000배를 무사히(?) 끝마쳤다. 법당에서 나오는 우리의 모습은 가관이었다. 걸음걸이는 부상병처럼 절뚝거렸고, 옷은 물에 빠진 생쥐처럼 푹 젖어 있었다. 그렇지만 모두들 눈빛은 빛나고 개선장군처럼 의기양양했다. 그때 성철스님은 또 불호령을 내렸다. 고되다고 앉아서 쉬어서는 안 된다는 것이었다. 절 뒷산 상봉까지 약 2시간쯤 걸리는 거리를 한 번도 쉬지 말고 뛰어서 다녀오라는 것이었다. 군대훈련에도 이런 법은 없다는 생각이 들었다. 그러나 학생들은 아무런 불평도 하지 않았다. 오히려 신바람이 난 듯 고함을 지르면서 달려 나갔다. 그 어려운 3,000배를 해냈다는 자신감에 기가 팔팔 살아 있었다. 나와 성철스님의 만남은 이렇게 시작되었다.

3,000배를 하고 난 다음, 나에게 몇 가지의 변화가 생겼다. 그 가운데 하나가 '무장 해제(武裝解除)'의 경험이었다. 강제로 무장 해제 당한 것이 아니라 스스로 무기를 내던져 버린 무장 해제의 기분이었다. 일종의 무장이 필요 없는 상태를 경험했다고 말할 수 있을 것 같다.

사실 나는 그동안 얼마나 중무장(重武裝)하고 다녔는지 모른다. 속에 무슨 보배를 그리도 많이 지니고 다녔는지 항상 경계 태세를 풀지 않고 살아왔다. 아무것도 가진 게 없으면 지킬 것도 없고 두려울 것도 없을 것이다. 학생들도 마찬가지였다. 그렇게도 따지기 좋아하고 지지 않으려고 밤낮 시비만 일삼던 학생들이 갑자기 잠잠해졌다. 누가 뭐라 해도 남의 이야기를 가만히 듣고만 있지 통 불평할 줄 몰랐다. 이것은 멍청해진 것과는 달랐다. 그들도 분명히 속에 지니고 다녔던 것들을 모두 버려버린 듯했다.

한 학생이 말했다. "몇 푼어치 안 되는 지식을 가지고서 내가 남보다 더 낫다는 것을 증명하기 위해 그동안 얼마나 수고를 했는지 생각해 보면 우습습니다." 제법 뭔가 깨달은 것 같았다. 이것은 분명히 재미있는 경험이었다. 미국에서는 자신의 안전을 위해 총을 가지고 다니는 사람이 많다. 그러나 사실은 총을 가졌기 때문에 불안과 고통은 더 심해진다고 한다. 이들에게 무장 해제의 편안함을 깨우쳐 줄 길은 없을까. 총을 가지고 있지 않아도 총 가진 사람 이상으로 항상 무엇인가를 경계하면서 긴장을 풀지 않고 사는 게 현대인이라고 말하면 지나친 말일까.

3,000배를 마친 그 다음날부터 성철스님은 약 1주일간 불교의 핵심사상에 대해 자상한 강의를 해 주셨다. 육조(六祖)스님의 『법보단경(法寶壇經)』을 비롯하여 선종(禪宗)에서 소중히 여기는 조사(祖師)스님들의 어록(語錄)을 많이 소개해 주셨다.

"예로부터 투철하게 깨치신 역대의 큰스님들은 모두가 한결같이 석가모니 부처님의 중도법문(中道法門) 밖의 딴 말씀을 하신 적이 없다"고 말씀하시는 성철스님의 목소리에서는 쇳소리가 났다. 그 당시 나는 30대 초반의 새내기 조교수였다. 성철스님의 중도법문은 내가 그때 가지고 있었던 '신앙과 학문의 관계에 대한 많은 의문'을 풀어 주었다. 특히 학문과 수도가 둘일 수 없고 이론과 실천이 둘일 수 없다는 불교의 이치가 분명해졌다. 학생들 덕택에 지도교수라는 이름으로 뒤따라 다닌 구도행각이었는데, 행각의 효과는 나 혼자서 다 본 듯한 느낌이 들었다.

그때 성철스님의 강의가 그렇게 좋았던 데에는 그럴 만한 까닭이 있었다. 나는 그 첫째의 공을 우리의 '무장 해제의 경험'에 돌리고 싶다. 무장 해제 이전에는 그렇게도 걸리는 것들이 많았다. 스님의 좋은 법문을 들어도 자기 속에 있는 것들과 부딪치는 게 많아 별로 얻는 게 없었다. 겉으로 보기엔 날카로운 것 같고 이지적인 것 같고 그래서 비판적이고 객관적이어서 제법 학자답게 보였지만, 사실은 자기 무장이라는 자기 속의 장애물 때문에 스스로 걸려 넘어지는 현상을 연출하는 경우가 많았다.

더욱 고약한 것은 자존심(自尊心)이었다. 자존심은 '선비의 긍지'라는 좋은 점도 없지 않지만 많은 경우 교수라는 신분이 주는 제약과 연결되어 있었고, 그 밑바닥에는 남이 안 가지고 있는 것을 나는 가지고 있다는 교만이 깔려 있었다. 그러니 종래의 자기에 영광을 돌릴 수 있다는 보장이 되어야 받아들이지, 그렇지 않으면 아무리 좋은 것도 받아들이지 않았다.

걸리는 것이 많다는 말은 바로 이런 것이다. 그리고 무장 해제란 말은 이런 장애물들이 없어졌다는 말이다. 그러니까 말하는 사람이 말을 잘 해야 할 책임이 있듯이, 듣는 사람에게도 말을 잘 들어야 할 의무가 있다. 교육이란 이 두 가지가 다 만족되었을 때 빛이 난다. 성철스님은 지식을 주기 전에 먼저 듣는 사람의 태도를 바로 잡아 주신 것이다. 다시 말하면 성철스님은 우리들에게 중도(中道)에 관해서 말씀하시기 전에 먼저 우리들을 중도에 가까이 가 있게 해 주신 것이 아닌가 생각한다. 중도에 들어가 있는 사람에게 중도를 이야기하면 백발백중일 수 있을 것이다. 꽃을 이야기하려면 먼저 꽃을 손에 쥐어 주라고 하지 않았던가.


## 3. 봉은사 대학생수도원(大學生修道院)

서울로 돌아온 우리들은 뚝섬 봉은사에 대학생수도원이라는 간판을 걸었다. 대학생활과 수도생활을 겸해야겠다는 생각에서였다. 그때 우리들은 모두 이상주의자(理想主義者)들이었고 또한 야심가(野心家)들이었다. 이상주의도 야심가도 나쁠 것은 없다. 문제는 이상도 야심도 잔인한 현실 앞에 모두가 난파당하고 말았다는 사실에 있다. 그러므로 그 원인을 분석해 보지 않을 수 없다. 가장 큰 잘못은 결과만을 황홀하게 꿈꾸고 있었을 뿐, 그런 결과를 가져오기까지의 과정을 철저하게 점검해 볼 줄 몰랐던 것이다. 위대한 일을 해내려면 그 일을 해낼 만한 힘이 어디서 나와야 하는 법인데 그 점이 불분명했다. 그저 옛날 경전에 쓰인 대로 하면 된다고 막연히 생각했다.

그때 『화엄경』 「보현행원품」은 우리들의 '다라니'였다. 그 「보현행원품」을 아침에도 읽고, 저녁에도 읽고, 한문으로 읽고, 한글로 읽고, 나중에는 영문 번역본으로 읽었다. 오직 믿는 게 「보현행원품」뿐이었다. 아무리 읽어도 읽을 때마다 신났던 대목은 보현보살의 십대행원(十大行願)이었다.


언제나 어디서나 부처님을 찬탄하리
언제나 어디서나 부처님을 공경하리
내 가진 모든 것을 부처님께 바치리
잘못한 일은 무엇이나 피눈물로 참회하리…
항상 중생을 부처님으로 섬기리…


「보현행원품」은 아무리 읽어도 싫증나지 않았다. 그러나 이를 실천하기란 여간 어려운 일이 아니었다. 우선 대학생활과 수도생활을 겸한다는 게 힘에 겨웠다. 두 직장을 가지고 밤낮으로 뛰어 다닌다 해도 이보다 더 어려우랴 싶었다.

우리들은 그 해 겨울방학에 또 김용사로 성철스님을 찾아갔다. 우리의 딱한 사정을 다 듣고 나신 스님의 진단은 간단했다. "눈이 용(用)에 쏠려 있구나. 너희들에겐 「행원품」이 원수로다." 뿌리를 튼튼히 할 줄 모르고 남의 눈에 뜨이는 겉만을 꾸미고 다니는 것으로 보현행을 삼으니 어리석지 않느냐는 것이 스님의 말씀이었다. 나는 스님의 이 한 마디에 '넋을 잃은' 느낌이었다. 오랜 고민 끝에 대학생수도원을 떠나기로 결심했다. 교수직도 버리고 가족도 버리고 오직 눈에 안 보이는 뿌리를 튼튼히 하기 위해 출가할 것을 결심했다.

## 4. 재출가(再出家)

1965년 봄, 나는 대학에 나가지 않고 또 김용사로 내려갔다. 성철스님께 출가하겠다고 말씀드렸다. "먼저 3,000배를 매일 3주 동안 계속할 수 있느냐?" 하고 스님은 물으셨다. 스님께서는 자신의 결심을 시험할 겸, 출가의 의지를 다질 겸, 한번 그렇게 해 보라는 것이었다. 나는 조금도 겁나지 않았다. 시험이건 단련이건 그런 것은 문제되지 않았다. 스님이 하라면 뭐든지 할 준비가 되어 있었다.

21일 동안 모두 합해 63,000배를 거뜬히 해냈다. 작년 여름의 3,000배보다도 훨씬 수월했다. 날씨가 덥지 않은 것도 도움이 되었다. 그러나 그것보다는 나의 자세가 달라져 있었다. 이번은 '울며 겨자 먹기 3,000배'가 아니었다. 결심 여하에 따라 이렇게 큰 차이가 날 줄은 몰랐다. 3주간의 기도는 나의 업을 다 녹여내고 씻어준 것 같았다. 심신이 상쾌했다.

## 5. 깨달음과 깨침

그러나 문제는 그렇게 간단하지 않았다. 상쾌했던 심신은 또 고달파지기 시작했고, 녹아났다고 느꼈던 업은 또다시 고개를 들기 시작했다. 모든 것이 일시적인 것이었을 뿐 근본적인 해결이 아니었다. 다시는 물러서지 않는다는 불퇴전(不退轉)의 경지가 새삼 문제되었다.

삼칠(三·七)일간의 기도가 끝난 다음, 스님은 나의 사상을 정리

하는 작업을 시작하셨다. 나는 그 당시 보조국사 지눌(知訥)스님의 돈오점수설(頓悟漸修說)을 좋아했다. "먼저 깨달아야 한다. 그리고 그 깨달음에 의지하여 평생토록 꾸준히 닦아야 한다"는 지눌스님의 말씀은 이 세상 누구에게도 적용될 수 있는 가장 보편적인 진리처럼 느껴졌다. 그런데 성철스님은 이를 부인했다. 성철스님의 지눌스님 비판은 무서웠다. 돈오점수설은 아직 선(禪)이 무엇인 줄 모르는 화엄학자들이나 하는 소리라는 것이었다. 나는 다시 한 번 휘청거리기 시작했다. 성철스님의 가르침을 요즈음 내가 쓰고 있는 언어로 다시 정리하면 다음과 같이 말할 수 있을 것이다.

"깨달음 정도로는 안 된다. 깨쳐야 한다. '깨달음'은 '머리로 아는 것'이다. 그러므로 그 속에 후퇴할 위험성을 항상 내포하고 있다. 그러니 뭔가 좀 알았다 해도 힘이 없다. 아는 것과 아는 대로 실천하는 행동과의 거리는 여전히 크다. 그러나 '깨침'은 '온몸으로 아는 것'이다. 따라서 아는 것과 행동하는 것이 일치한다. 만일 그렇지 않다면 그것은 여전히 '깨달음'일 뿐, 아직 '깨침'이 아니다. 깨달음 정도로 만족해서는 안 된다. 오직 깨침이라야 한다. 선종에서 견성(見性)을 했다느니 또는 확철대오(廓徹大悟)를 했다느니 하는 것은 모두 궁극적인 불퇴전(不退轉)의 '깨침'을 얻었다는 말이지, 언제 물러설지도 모르는 '깨달음'을 얻었다는 말은 아니다. 보조국사는 돈오점수설을 선양함으로써 수행자에게 깨달음을 깨침으로 잘못 알게 하는 오류를 범했다."

성철스님의 지눌 비판은 대강 이런 것이었다. 솔직히 말해서 나는 성철스님을 만나기 전에는 '깨달음'과 '깨침'의 차이를 구별할 줄 몰랐다. 성철스님에게 있어서 '깨달음'과 '깨침'은 전혀 별개의 다른 경험이었다. '깨달음'은 중생의 경험이지만 '깨침'은 부처님의 경험이다. 중생의 경험인 '깨달음'은 아무리 여러 번 하고 이를 모두 다 합쳐 놓아도 부처님의 '깨침'은 되지 않는다. '깨침'은 '깨달음'을 포용하지만 '깨달음'이 바로 '깨침'으로 연결되지는 않는다. 그러면 어떻게 해야 할 것인가?

천하에 별 것을 다 깨닫고 또 골백번을 깨달았다 할지라도 '깨달음'은 역시 깨달음일 뿐, 그 이상의 것이 아님을 알아야 한다. 그 깨달음 밖에 얻지 못하는 벽을 우리는 무너뜨려야 한다. 이 벽이 바로 '중생성(衆生性)'이다. 이 중생성을 극복해야 한다.


## 6. 몸과 몸짓

'몸짓만 아무리 바꾸면 뭘 하나. 못된 몸짓을 되풀이하는 잘못된 몸이 깨져야지!' 나는 이 말을 성철사상의 핵심에 해당한다고 생각한다. 겉으로 나타나는 몸짓이 조금 바뀌는 정도의 '깨달음'을 '깨침'으로 오해해서는 안 된다. '깨침'은 몸짓이 바뀌는 정도가 아니라 사람의 모든 몸짓이 나오는 '몸' 자체가 깨져 버리는 것이다. 아직 깨치지 못한 중생인 경우, 못된 몸짓이 중생의 짓이라면, 그러한 못된 몸짓이 나오는 몸은 중생성이다. 그러므로 중생성을 극복한다는 말은 못된 몸이 깨진다는 말이다. 못된 몸이 깨질 때 참된 몸이 살아난다. 이것을 깨침이라 한다. 못된 몸의 깨짐과 참된 몸의 살아남인 깨침은 동시에 이루어진다.

우리말에 '깨지다'라는 말과 '깨치다'라는 말은 둘 다 똑같은 '깨다'라는 동사에서 나왔다. 유리창을 깬다든가 놀음판을 깬다는 따위의 파괴적인 경우는 '깨짐'의 뜻이 강하고, 잠을 깬다든가 국문

(國文)을 깬다는 등의 건설적인 경우는 '깨침'의 뜻이 강하다. 불교 수행의 경우, 중생성의 극복인 몸의 '깨짐'과 부처님의 몸이 탄생하는 '깨침'은 동시에 일어난다.

성철스님은 화엄철학에 나오는 쌍차(雙遮)와 쌍조(雙照)라는 말과 구름과 햇볕의 비유를 가지고 깨짐과 깨침의 관계를 설명하셨다.


"구름 걷히면 햇볕 나제? 구름 걷히는 것 따로 있고 햇볕 나는 것 따로 있는가?"

"망상 쉬면 부처님이지, 망상 쉬는 것 따로 있고 부처 되는 것 따로 있는가?"

"부처가 되고 싶으면 화두를 들고 참선하라. 그것 밖에 딴 길은 없다. 적당히 슬슬 해서는 안 된다. 오매일여(寤寐一如)가 되도록 해야 한다. 자나 깨나 화두 드는 것을 한결같이 해야 한다. 꿈속에서도 화두를 들고 꿈조차 없는 깊은 잠 속에서도 화두가 들려져 있어야 한다. 그렇게 되면 그것이 오매일여의 경지이다. 이 오매일여의 경지를 거치지 않고 깨친 이는 없다. 오매일여가 아니면 미세망념(微細妄念)이라는 중생의 근본번뇌가 깨지지 않는다. 깨짐이라야 깨침이다. 초보자는 행여나 깨달음을 깨침으로 오해하여 도중하차하는 일이 없도록 각별히 주의해야 한다."


성철사상의 핵심은 보는 사람의 입장에 따라 여러 가지로 풀이할 수 있을 것이다. 성철스님의 사상을 말하면서 '몸과 몸짓의 논리'를 동원하고 '깨달음과 깨침을 구별'하는 것은 성철스님을 보는 나의 입장을 드러내 놓는 일일지도 모른다.

1968년 2월, 나는 해인사를 떠났다. 그러나 성철스님을 떠나지는 않았다. 출가자의 길을 접고 다시 학자의 길로 간 것이다. 해인사를 떠날 때, 나는 대중 스님들이 지켜보는 가운데 환계식(還戒式)이라 부르는 일종의 퇴속(退俗) 절차를 밟았다. 이것은 내가 불교를 떠난 것도 아니고 수도생활에 자신이 없어 밤중에 도망치는 것이 아니라 는 것을 만천하에 선언하는 것이라고 했다. 그러나 절집에서 퇴속 (退俗)은 출가(出家)보다 더 힘든 일이었다. 그만큼 진한 인간관계 가 그 속에 있다. 다시 동국대학교 불교대학으로 돌아오니 대처승 교수들이나 그 쪽 교수들이 나의 '환계식'을 비난했다. 그땐 칭찬이 든 비난이든 나의 신경을 건드리지 않았다.

해인사를 나온 뒤, 꼭 1년 만에 나는 미국으로 건너갔다. 한국 나이로 37세였으니, 유학치고는 좀 늦은 셈이었다. 그렇지만 이른 바 '문화충격(Cultural shock)' 같은 것은 없었다. 문제는 언어의 장 벽이었다. 이왕 가야 할 미국유학이었다면 좀 더 일찍 갈 걸 그랬 다는 때늦은 후회에 잠기다 혼자서 웃기도 했다. 약 6년 걸려 버클 리에 있는 캘리포니아 주립대학교에서 원효연구로 박사학위를 땄 다.

그동안 별 일이 많았다. 미국에는 학생들이 여름방학이면 1년 쓸 용돈을 벌겠다고 모두 막벌이 일자리를 찾아 나선다. 나도 물론 한 몫 끼었다. 별별 일을 다 해 보았다. 가장 힘들었던 것은 역시 노동 판의 일이었다. 보수는 좋았다. 그 대신 지독하게 부려먹었다. 보수 를 많이 주면 그만큼 뽑아 가는 것 같았다. 황소 같은 몸집을 가진 20대의 미국청년들 틈에서 똑같은 양의 막노동을 한다는 것은 무 리였다. 고대 로마의 노예들도 이렇게 잔인하게 혹사당하지는 않았 을 거라는 생각이 들었다. 미국 아이들도 고되다고 도중에 그만 두 는 사람이 있었다. 그러나 나는 포기하지 않고 한 여름 내내 버텼

다. 성철스님의 3,000배보다는 수월했기 때문이다. 사실은 노동판의 일뿐만 아니라 박사학위과정의 종합시험 보는 일이나 학위 논문 쓰는 도중 어려움이 많았다. 힘이 들 때마다 나 자신에게 물었다. ‘3,000배보다 더 어려운가’라고. 이렇게 묻기만 해도 어디서 나오는지 새 힘이 솟아 나왔다. 이렇게 해서 나는 많은 어려움을 극복할 수 있었다.

1977년 9월, 박사학위과정을 마치자 나는 지금 있는 스토니부룩 뉴욕주립대학교 종교학과의 불교학 교수로 취직이 되었다. 그리고 한국을 떠나온 지 만 10년 만에 처음으로 한국을 방문할 기회가 생겼다. 1979년 12월, 한국정신문화연구원이 주최한 제1회 국제 한국학 심포지엄에 참석하기 위해 뉴욕의 케네디 공항을 떠났다. 비행기 안에서 태평양을 내려다보면서 나는 생각했다. 만일 누가 나더러 한국에 가서 ‘꼭 한 곳만 가보라’고 말한다면 어디를 택할까? 나와 인연이 있던 여러 곳들이 머리에 떠올랐다. 결국엔 내가 태어나서 자란 전남 보성의 ‘고향마을’과 가야산 해인사의 ‘백련암’, 이 두 곳이 마지막까지 남았다. 막상막하라더니, 어느 한 곳을 택하기가 곤란했다. 그러나 나는 마침내 내가 태어난 고향마을을 택했다. 택해 놓고 보니 잘 택한 것 같았다. 내 사상이 내 결정을 재확인해 주었다. 이때 나는 결국 속세(俗世)에서 속인(俗人)으로밖에 살 수 없는 사람임을 깨달았다.


## 7. 넘어지고 또 넘어지고

어린아이가 걸음마를 배울 때는 엉덩방아를 수없이 찧는다. 그러다가 겨우 걷기 시작하면 또 앞으로 넘어져서 무릎을 깨기도 하고 팔을 다치기도 한다. '넘어지고 깨지고 다시 일어나고…' 이것이 사람이 자라는 모습이다. 부처님 공부에도 이러한 면이 있는 것 같다. 나도 부처님 공부를 시작한 이래 걸음마 배우는 어린아이처럼 무수히 넘어지고 깨지는 삶을 살아왔던 것 같다.

나는 출가(出家)를 두 번이나 했다. 이 말은 퇴속(退俗)을 두 번이나 했다는 말이다. 절집에서는 퇴속이라 하면 무슨 큰 죄나 진 것처럼 생각하는 사람도 있지만, 사정을 알고 보면 꼭 그렇게 생각할 것만은 아닌 것 같다. 부처님 당시에도 퇴속한 사람들이 적지 않았던 모양이다. 원시불교의 율장(律藏)에 보면 일곱 번까지는 퇴속을 허용한다는 규정이 있다. 일곱이라는 숫자를 강조할 필요는 없지만 여러 번 퇴속해도 그것을 죄로 보지 않았다는 것을 알 수 있다.

요즘 대학에 다니다가 학업을 중단하고 집안일을 돌보기도 하고 또는 방황하고 헤매는 학생들이 있다. 그러다가 다시 복학해서 공부를 계속하는 경우도 많다. 이것도 일종의 현대판 퇴속이라고 볼 수 있을 것이다. 그렇다고 대학을 중퇴한 것을 자랑하고 다닐 수 없듯이, 절집의 퇴속을 무슨 자랑이라고 떠들고 다닐 수는 없다. 다만 출가와 퇴속을 되풀이하는 과정에서 실지로 무슨 일들이 벌어졌는가를 잘 살펴볼 필요가 있다. 때로는 실패담이 성공담보다 더 유익할 때가 있으니까.

나의 첫 번째 출가는 1955년 여름의 일이었다. 광주에서 의과대학을 다니다가 '사회 불만증'에 걸렸다. 대학을 그만 두고 해남 대흥사로 들어갔다. 그 당시 대흥사에는 전강스님과 묵언스님이 계셨다. 이승만 대통령의 유시로 그 당시의 한국 사찰들은 크게 혼란스러웠다. 나라의 대통령이 "대처승은 사찰에서 물러가라"고 유시를 내리니, 대처승은 절을 비구승에게 넘겨주었지만 비구승의 수가 너무 적어 사찰은 매우 혼란스러웠다. 그 바람에 불교의 불자도 모르는 내가 하루아침에 머리를 깎고 비구승이 될 수 있었던 것이다. 그때 나는 유물론자였다. 유물 변증법적인 사고방식에 물든 사람들에게는 몇 가지 공통점이 있었다. 첫째, 그들은 인과율적인 합법칙성에 입각한 과학적인 사고방식의 소유자로 자처했다. 물론 나도 그 중의 한 사람이었다. 또한 그들은 경제적 불평등을 바로 잡고 절대 다수의 민중이 나라의 주인이 되면, 이 세상이 곧 유토피아라고 주장했다. 한 마디로 그들은 이상주의자였고 또한 낙관론자였다.

'혼자만 먹지 말고 남들과 함께 나눠 먹자. 남들만 부려먹지 말고 모두 함께 일하자.' 이 얼마나 좋은 말인가. 나는 그들의 이러한 이론에 반해 버렸다. 그러나 실지 사회는 그들의 말과는 달리 자꾸만 정반대의 방향으로 나아갔다. 좋은 사람들은 거세당하고 나쁜 사람들은 득세하고…. 그래서 나는 화병에 걸렸다. 내가 앓은 '사회 불만증'이란 병은 대강 그러한 것이었다.

대흥사의 가을은 아름다웠다. 끝없이 찾아오는 관광객을 상대로 밥장사를 하는 것이 나의 첫 소임이었다. 날씨가 추워지자 관광객도 끊어지고 산사는 정적에 쌓인 듯 조용해졌다. 발심한 사람 같았으면 '때는 이때다' 하고 더욱 열심히 공부를 했으련만 그때에 나는 먹물 옷만 걸쳤지 아직 불교가 무엇인지도 몰랐던 때였으므로 무료함을 이기지 못해 어딘가로 돌아다닐 궁리를 하고 있었다.

'한번 천하의 선지식을 모두 다 만나 봐야지!' 생각만 해도 신이 났다. 그때 입승을 보시던 묵언스님은 아직 '시기상조'라고 못 가게 말렸다. 이유인즉 나에겐 아직 선지식을 알아볼 눈이 없다고 조언했다. 나는 발 아픈 줄도 모르고 막무가내로 자칭 '구도의 길'을 떠났다. 비록 묵언스님의 말씀을 거스르고 길을 떠났지만 떠나기 전에 여쭈어 보았다.

"스님께서 잘 아시다시피 저는 가짜 출가자입니다. 다른 절에서 가짜임이 발각되면 큰 망신입니다. 진짜처럼 보이려면 어떻게 행동해야 합니까?"

진짜가 되려는 게 아니고 진짜처럼 보이려는 속셈이었다. 그러나 이것도 나로서는 불문에 들어온 뒤, 처음 던져보는 절박한 질문이었다. 우문현답이라고나 할까, 속이 뻔히 들여다보이는 질문이었는데도 묵언스님의 답변은 아주 정성스러웠다.

"발심한 사람은 무엇보다도 겸손해야 한다. 누구에게나 코가 땅에 닿도록 정중하게 절해라. 나이 많은 고승이든 어린 동자이든 가리지 말고 똑같이 존중해라. 승속도 가리지 말고, 남녀도 가리지 마라. 빈부귀천 모두 버리고 누구에게나 똑같이 정중하게 큰절을 해야 한다."

'꼭 그렇게 하리라'고 나는 마음속으로 다짐했다. 그리고 그것은 조금도 어려울 것 같지 않았다. 묵언스님은 계속해서 말씀하셨다.

"둘째, 일은 찾아서 해라. 어디든 대중 처소에는 할 일이 많다. 누가 시키기를 기다리면 진짜 출가자가 아니다. 그리고 좋은 일, 궂은 일을 가리지 마라. 남들이 하기 싫어하는 힘든 일을 자진해서 하면 된다."

조금도 어려울 것 같지 않았다. 무슨 말씀인지 곧 알아들을 수 있었다. 나는 묵언스님의 말씀을 무슨 진언처럼 중얼거리면서 대흥사 산문을 벗어났다. '누구에게나 큰절을 하고, 무슨 일이든 닥치는 대로 열심히 하고….' 나중에야 안 일이지만 묵언스님은 불교용어를 하나도 사용하지 않고 보살이 걸어야 할 길을 나에게 가르쳐 주셨던 것이다.

## 8. 가짜 출가

그때 대흥사의 묵언스님은 지금 인천 용화사 송담스님이다. 묵언으로 벽을 향해 앉아만 있으면서도 묵언스님은 보현행을 하고 계셨던 것 같다. 대흥사를 떠난 뒤 나는 어느 절에 가서나 묵언스님의 말씀을 명심하고 그것을 실천에 옮기려고 가진 애를 다 썼다. 그 결과는 정말 놀라웠다. 어느 절에서나 대환영이었고 모두들 함께 살자고 붙들었다. 강화도의 전등사에 들렀을 때는 주지스님이 교무국장이라는 임명장까지 써주면서 떠나지 말라고 붙들었다. 가는 곳마다 나를 '발심한 수좌'라고 칭찬했다. 그러나 그 칭찬이 나를 괴롭혔다.

'발심은커녕 아직 불교도 안 믿는 가짜 출가자!'

이렇게 내 양심은 나를 고발하곤 했다. 남들은 속일 수 있어도 자기의 양심은 못 속인다는 말이 옳았다. 즐거울 줄 알았던 구도행각이 그만 고통의 행각이 되고 말았다. 그러다가 마침내 병이 났다. 못 먹고, 못 자고…. 이러기를 몇 달 동안 계속하니 몸이 견디지 못

했다. 피로를 풀지 못하니 드디어 병이 난 것이다. 이렇게 해서 가짜 출가자의 구도행각은 한 철을 넘기지 못하고 일단 막을 내렸다.

## 9. 기도의 공덕

병든 몸을 이끌고 남몰래 전남 보성에 있는 아버지의 산장으로 갔다. 거기서 나는 근 10일간을 열병환자처럼 누워 있었다. 산지기 아주머니가 열심히 간호해준 덕택으로 열이 내렸다. 병이 낫자, 나는 다시 대흥사로 돌아왔다. 모두들 환골탈태하여 딴 사람이 되어 돌아왔다고 말했다. 약 3개월의 고행과 설상가상으로 마지막엔 열병을 앓다 돌아왔으니 무척 수척하고 창백해 보였던 것 같다. 절로 돌아온 뒤, 나는 화두 참선에 주력하기로 마음먹었다. '세수하다가 코 만지기보다 쉽다'는 참선이 왜 그렇게도 안 되는지 답답했다. 화두는 들었다 하면 어디론지 도망가 버리고, 하루 종일 망상만 피우고 있었다. 이래서는 안 되겠다 싶어 내 고민을 묵언스님께 말씀드렸더니 '나반존자' 기도를 한번 해 보란다.

옛날 큰스님들도 나 같은 사람에게는 종종 기도를 시켰단다. 독성나반존자 기도는 목탁을 치면서 고성으로 나반존자를 두 시간 동안 부르는 일종의 염불기도법인데 별로 마음이 내키지 않았다. 참선이야 벽을 향해 딱 버티고 앉아 있으면 속으로는 망상을 피우고 있을망정 그럴 법한 면이 없지 않는데, 이것은 어쩐지 미신 행위 같고 솔직히 고백하자면 남이 볼까 두려웠다. 그러나 아무리 발버둥을 쳐도 잘 안 되는 참선만을 계속 고집할 수도 없는 처지여서 기도하기 싫다는 말을 차마 할 수가 없었다. 좀 더 정확히 말하면 그때 나에겐 묵언스님에 대한 믿음이 있었다. '스님이 나를 오도(誤

導)하진 않으리라'는 믿음이 결국 스님 시키는 대로 하겠다는 약속
으로 이어졌다. 믿음이란 묘한 것이어서 약속을 하고 나니 마음도
개운하고 어디선지 알 수 없는 힘이 솟아올랐다.

그 해 대흥사의 겨울은 몹시 추웠다. 대웅전 앞을 흐르는 개울물
은 꽁꽁 얼어 있었다. 매일 새벽 4시에 일어나 개울의 얼음을 깨고
거기서 목욕하고 독성각으로 들어가 기도하는 것이었다. 기도의 목
적은 '참선 잘 되도록 번뇌 망상 쉬게 해 달라'는 것이었다. 묵언스
님은 그때 묵언 중이었으므로 공책에 필담으로 여러 가지 주의사항
과 기도의 영험에 대해 말씀해 주셨다.

기도는 시작되었다. 남들이 아직 자고 있을 이른 새벽에 얼음을
깨고 혼자서 목욕하는 기분은 보통이 아니었다. '정 추우면 목욕탕
에서 해도 좋다'는 스님의 말씀에 나는 대들었다.

"스님, 무슨 말씀을 그렇게 하십니까? 아무리 어려워도 그 어려
운 길을 저는 가고 싶습니다!"

어렸을 때 읽었던 무사들의 무서운 수련이 연상되어 오히려 기
분이 좋았다. 그리고 며칠이 지나자 번뇌도 고개를 숙인 듯 마음이
아주 조용해지고 제법 성자가 된 듯 거룩한 기분까지 들었다. 스님
의 말씀이 거짓말이 아니었음을 깨달았을 때, 나는 스님에게 말없
는 감사의 절을 올렸다. 그러나 약 1주일이 지나자 몸에 힘이 떨어
지고 게으름이 생기면서 또 그 고질적인 회의가 고개를 들기 시작
했다. 그러자 새벽에 일찍 일어나는 것도 힘들고 목욕하기 위해 개
울에 나가는 것도 싫어졌다. 처음엔 목탁소리가 나의 번뇌의 대갈
통을 두들겨 부수는 소리인 듯싶어 그렇게 좋더니 나중엔 그런 신
선한 맛이 통 나지 않았다. 마지막엔 회의와 피로와 게으름이 뒤범
벅이 되어 이게 무슨 기도인가, 차라리 중단할까 하는 생각까지 들

었다. 스님과의 약속과 최초의 결심과 주위의 체면 때문에 질질 끌려 죽을 고생을 하면서 겨우 기도를 끝마쳤다. 내 기분은 몹시 참담했다. 내 일생 최초의 기도는 이렇게 실패로 돌아가고 말았다. 기도하면 영험이 있고 기적이 생긴다던데 아무런 기적도 일어나지 않았다. 참선도 실패, 기도도 실패….

이제 나는 어디로 가야 할지 앞이 캄캄했다.

그로부터 50년이 지난 오늘 가만히 생각해 보면, 나는 그때 기도의 공덕을 그렇게 크게 볼 수 없었다는 생각이 든다. 그리고 참선도 그때 정말 제대로 못했다는 생각이 든다. 만일 그때 참선이 잘 됐더라면 어떻게 됐을까? 또 하나의 도인이 탄생했을지도 모른다. 생각만 해도 끔찍한 노릇이다. 그리고 또 만일 기도 끝에 무슨 기적이라도 일어났다면 어떻게 됐을까? 그 경우 역시 생각만 해도 아찔한 일이다. 나는 기적이라면 부처님이 경험한 기적, 다시 말하면 자기가 버렸던 가비라 성으로 다시 돌아온 그러한 기적을 맛보고 싶다. 그 밖의 기적은 부처님이 말씀하신 궁극적인 기적이 아닌 것 같다. 요즘 내 주변에서 가끔 기적을 맛보았다고 말하는 사람을 본다.

그러나 그 결과를 보면 저런 기적은 차라리 맛보지 않았더라면 하는 아쉬움이 남는다. 눈을 뜬 사람으로서 보아야 할 것을 제대로 못 보는 그러한 경우가 많았기 때문에 하는 말이다. 때로는 미신으로 빠지는 경우도 있었고, 때로는 사고능력이 마비되어 폐인이 되는 경우도 보았다. 그럴 때마다 대흥사에서 참선도 실패, 기도도 실패했던 것이 얼마나 잘된 일인지 모른다. 넘어지고 또 넘어지고…. 이 세상에 이보다 더 큰 기적이 또 어디에 있을까.

## 10. 가짜와 진짜

내가 만난 불교는 '말의 종교'가 아니었다. 입으로 '나는 불교를 믿습니다'라는 고백을 못할 뿐만 아니라 내 의식의 어디를 찾아보아도 그런 흔적은 추호도 없었다. 출가생활을 그만 두고 다시 의과대학으로 돌아와 보니, 나는 그동안 내가 많이 변했다는 사실을 깨달았다. 가장 뚜렷한 변화는 내 세계관과 인생관의 변화였다. 오랫동안 나를 괴롭혔던 유물론적인 사고방식이 깨끗이 사라졌다. 그리고 누구든지 불교를 믿는다는 말만 들으면 그렇게 반가울 수가 없었다. 어린 대학생이 '사회 불만증'이라는 화병에 걸려 급한 김에 멋모르고 절로 들어가 톡톡히 망신만 당하고 만신창이가 되어 돌아왔는데, 그뿐만 아니라 1년 동안이나 출가생활을 하고도 불교를 믿지 못하고 돌아왔는데, 나는 나도 모르는 사이에 불교인이 되어 있었다.

마치 어린이들에게 수영을 가르칠 때 말로 아무리 잘 가르쳐 보았자 물속에 집어넣으면 그동안 말로 배웠던 것이 아무 소용이 없는 것을 보고 아예 처음부터 물속에 집어넣으면 물을 먹으면서 물에 익숙해지는 것과 비슷했다고나 할까. 아니 불교에는 더 좋은 비유가 있다. 사자의 교육은 새끼를 천길 벼랑에서 내던져 버리는 것이라고 하지 않는가. 나는 대흥사에 살면서 그런 식의 교육을 받은 게 아닌가 하는 생각이 든다. 그래서 종교교육을 한다면서 "믿습니까?" 하고 묻고 "예, 믿습니다!"라고 답변하면 "너는 됐다!"고 인가하는 장면을 볼 때마다 저건 불교가 아니지 하는 생각이 든다. '말의 세계'에서 장난치지 말고 '삶의 바다' 속에 집어던져 버리는 교육, 그래서 물도 먹고 숨이 끊어질 듯 경을 치면서 결국 물과 하나 되게 하는 교육, 나는 이것이 불교교육이라고 생각한다.

의과대학으로 돌아온 다음, 나는 가까웠던 맑스주의자들에게 말했다.

"이 세상을 평화롭게 만들겠다고? 그게 정녕 너의 소원이라면 먼저 너 자신부터 평화로워져야 한다. 평화가 무엇인 줄이나 아는가? 네가 평화롭지 않는데 세상을 평화롭게 만들겠다고? 말도 안 된다."

친구들은 나를 중이라고 놀렸다. 꼭 중 같은 소리만 하고 앉아 있다는 것이다. 나는 또 그들에게 말했다.

"절대 다수의 노동자, 농민 등 무산대중(無産大衆)을 위한다고? 그게 정말 너희들의 소원이라면 먼저 생명 가진 모든 중생을 위하는 길을 발견해라. 그렇지 않으면 너희들은 평생 쌈질만 하다가 종치고 말 것이다. 너희들이 그렇게 좋아하는 '함께 일하고 함께 나눠 먹자'는 구호는 부처님의 일체 중생과 함께 산다는 진리를 터득하지 않고서는 하나의 공염불에 불과하고 말 것이다."

나는 대흥사에 있을 때도 스님들과 많은 입씨름을 했다. 묵언스님은 묵언 중이라 싸울 수가 없었지만 전강스님께도 대들었다.

"일체 중생을 다 제도하신다고요? 배고픈 사람들이 천진데, 그들에게 밥 한 그릇도 갖다 주지 않으면서 말만 그렇게 거창하게 하시면 무슨 소용이 있습니까?"

그랬던 내가 대학에 돌아와서는 맑스주의자들에게 오히려 불교의 방망이를 휘둘렀다.

이것도 아니고 저것도 아닌 엉거주춤한 생활을 한참 하다가 나는 중요한 결단을 내렸다. 의학공부를 그만 두자. 불교대학으로 들어가 불교공부를 한번 본격적으로 해 보자. 그 결과 나는 여러 해 뒤에 마침내 불교대학의 교수까지 되었다. 그러나 교수 노릇도 그렇게 쉽지 않았다. 불교대학 교수 생활 약 7년간 내가 안고 살았던 가장 큰 문제는 '깨치지도 못하고 깨침의 세계를 말한다'는 것이었다. 그래서 나는 대학에 사표를 내고 해인사로 들어갔다. 진짜 출가생활을 한번 해 보고 싶었던 것이다.

수도자의 목숨을 끊는 독약이 있다면 그것은 '교만'일 것이다. 남들이 칭찬해 주기 전에 자기는 칭찬 받을 만하다고 자부하는 것이 '교만'이다. 사람이 교만에 빠지면 남들이 칭찬해 주어도 양에 차지 않는다. 그래서 자기가 자기를 칭찬하는 추태를 벌인다. 얼마나 많은 이른바 진짜들이 이 병을 앓고 있는지 모른다. 대흥사 시절의 가짜 출가생활과 해인사 시절의 진짜 출가생활은 여러 가지 면에서 좋은 대조를 이루었다.

대학을 중퇴한 가짜와 교수직을 내던지고 들어온 진짜. 겉보기로는 누가 보아도 후자가 더 바람직해 보였을 것이다. 그런데 당사자인 나에게 말하게 한다면 '진짜는 진짜가 아니었다'고 고백할 수밖에 없다. 진짜가 되고 보니 옛날 가짜 때보다 더 큰 병이 거기에 도사리고 있었던 것이다. 무엇보다도 양심의 예리함이라는 측면에서 보면 진짜 시절은 가짜 시절에 족탈불급(足脫不及)이라는 생각이 들었다. 이 사실은 그때 나를 무척 괴롭혔다. 남들이 발심했다고 칭찬해 주면 그것이 당연한 듯 아무렇지도 않는 것, 이 얼마나 추한가. 그때마다 소위 진짜라는 것의 정체가 가짜만도 못하다는 생각이 들었다. 옛날 가짜였을 때는 남들이 칭찬해 주면 몸 둘 바를 몰랐는데 하고 그 시절이 그리워졌다. 괴로운 가짜와 오만한 진짜. 아무리 가짜라도 부끄러움과 괴로움이 있는 한, 부처님은 미소 지으시겠지만 아무리 진짜라도 오만이 있는 한, 부처님은 답답해하실 것이 분명했다.

『화엄경』「보현행원품」은 여기서 다시 커다란 빛을 발휘했다. 내가 해인사로 재출가한 것도 「보현행원품」 때문이었지만 해인사를 떠나 다시 세속으로 돌아온 것도 「보현행원품」 때문이었다.

# 보현행원품

## 1. 간단한 책 소개

이 품의 원래 이름은 「대방광불화엄경 입부사의해탈경계 보현행원품(大方廣佛華嚴經　入不思議解脫境界　普賢行願品)」이다. 대승불교의 최고 경전이라 일컬어지는 『화엄경』은 대승불교의 교리를 집대성한 경전이며, 그 이론적 핵심은 법계연기설(法界緣起說)이다. 법계연기설은 『화엄경』의 세계관으로 이 세계가 끝없이 거듭거듭 겹쳐 있으되 하나도 모순됨이 없이 서로서로 의지해 있음을 밝히는 교설이다. 「보현행원품」은 『화엄경』의 「입법계품(入法界品)」의 마지막 부분에 해당하며, 선재동자(善財童子)가 문수보살에 의해 보리심을 내어 53선지식을 차례로 방문하여 진리를 묻고, 마지막으로 보현보살께 이르렀을 때 보현보살이 설하신 법문이다.

불교 경전에 있어서 제목은 그 경전의 사상적 핵심을 나타내는 가장 중요한 부분이므로 우선 「대방광불화엄경 입부사의해탈경계 보현행원품(大方廣佛華嚴經入不思議解脫境界普賢行願品)」이라는　제목부터 분석해 보자. 이 제목은 『화엄경』과 그 중의 한 품(chapter)인 「보현행원품」을 설명하는 두 부분으로 나눌 수 있겠다.

첫 번째 부분인 '대방광불(大方廣佛)'은 '위대하고 어떠한 곳도 미치지 않는 곳이 없이 널리 퍼져 있는 부처님'이라는 의미이고, 대방광(大方廣)은 부처님[佛]을 수식하는 역할을 하고 있다. 부언하면 대(大)는 부처님(佛)의 체(體)이고, 방(方)은 상(相), 광(廣)은 용(用)의 관계에 있다. 『화엄경』은 '잡화엄경(雜華嚴經)'의 준말로 '가지가지 온갖 잡다한 꽃들로 장식되어 있는 경전'이라는 뜻이다. 여기서 '잡다(雜多)'는 『화엄경』의 중생관을 나타내는 중요한 의미를 지닌다. 즉, 중생의 다양성을 나타내고 있다.

두 번째 부분인 「입부사의해탈경계 보현행원품(入不思議解脫境界普賢行願品)」에서 '입부사의 해탈경계'는 '생각으로 헤아릴 수 없는 해탈경계에 들어가는'이라는 뜻이다. '보현보살'은 이 품(chapter)의 주인공으로 행원(行願)이 그의 특징이다. 즉, 그의 소원은 마음 속으로 하는 소원이 아니라 반드시 행동으로 실천하는 소원이다. 따라서 두 번째 부분을 종합하면 '생각으로 헤아릴 수 없는 해탈경계에 들어가는, 보현보살이 행동 실천하려는 소원을 나타낸 품(chapter)'이 된다.

당나라의 삼장법사(三藏法師) 중의 한 분인 반야스님이 서기 798년에　한역(漢譯)하였다. 대정신수대장경(大正新修大藏經) 제10권, 844 ~848쪽에 들어 있다. 우리말 번역으로는 1966년, 동국대학교의 동국역경원에서 나온 운허스님의 「보현행원품」이 아마도 최초의 제대로 된 번역이라고 할 수 있을 것이다. 1960년대 말, 해인총림에서 나온 광덕스님의 「보현행원품」이 독송용으로는 가장 널리 보급되어 있고, 1984년 불일출판사에서 출판한 법정스님의 『나누는 기쁨』도 읽기 쉽다. 영어 번역으로는 1930년, 영국 런던의 George Routledge & Sons 출판사에서 나온 DT Suzuki의 *The Ten*

*Vows of Bodhisattva Samantabhadra(Studies in the Lankavatara Sutra)* 라는 책의 230~236쪽을 들 수 있다. 완역(完譯)이 아니고 십대원 (十大願)만 뽑아 의역(意譯)한 것이지만 크게 대의(大義)를 그르치 지는 않았다고 본다. 그밖에 이 품을 해설한 책들은 무수히 많다.

## 2. 책을 제대로 읽으려면

「보현행원품」을 제대로 읽으려면 보현의 바다 속으로 뛰어 들어 가야 한다. 뛰어 들어가는 길은 사람마다 다를 것이다. 묵언스님의 말씀처럼 '무조건 누구에게나 큰절을 하고 어디서나 몸을 사리지 않고 일하는 것'도 좋은 방법이고, 앞에서 이야기했던 중화사 사건 처럼 독경삼매를 경험해 보는 것도 좋을 것이다. 보현의 길은 사람 마다 다양하게 전개되지만 중요한 것은, 항상 자기를 속이지 않고 최선을 다하는 것이라고 생각한다.

'넘어지는 것을 무서워하지 마라. 무릎이 깨지고 손목이 부러지 고, 그러면서 아기는 걸음마를 배운다.'

이 말은 불교공부를 조금이라도 해 본 사람들에게는 만고의 명 언이다.

그러면 숙제를 하나 내 볼까. 「보현행원품」에서 가장 중요하다고 말하는 '예경제불원(禮敬諸佛願)'을 만독(萬讀)하기다. 처음부터 끝 까지 소리 내어 만 번 읽는 것이다. 한문으로 읽어도 좋고 한글로 읽어도 좋다. 문제는 읽는 거다. 말만으로는 안 된다. 이렇게 읽는 다. 다음은 운허스님이 번역한 '예경제불원'의 전문이다. 큰 소리로 줄줄 읽는다.

보현보살은 선재동자에게 말하였다.

"선남자야, 부처님께 예배하고 공경한다는 것은 온 법계 허공계 시방삼세(十方三世) 모든 부처님 세계의 아주 작은 티끌만큼 많은 수의 모든 부처님들께, 보현의 수행(修行)과 서원(誓願)의 힘으로 깊은 믿음[信解]을 일으켜, 눈앞에 뵈온 듯이 받들고, 청정한 몸과 말과 뜻으로 항상 예배하고 공경하는 것이니라. 그 낱낱 부처님께 이루 다 말할 수 없는 아주 작은 티끌만큼 많은 수의 몸을 나타내어 그 한몸 한몸이 이루 다 말할 수 없는 아주 작은 티끌만큼 많은 부처님께 두루 절하는 것이니, 허공계(虛空界)가 다하여야 나의 예배와 공경도 다하려니와 허공계가 다할 수 없으므로 나의 이 예배와 공경도 다함이 없느니라. 이와 같이 중생의 세계가 다하고, 중생의 업(業)이 다하고, 중생의 번뇌가 다하여야 나의 이 예배도 다하려니와 중생계와 내지 중생의 번뇌가 다함이 없으므로 나의 이 예배와 공경도 다함이 없느니라. 염념(念念)이 계속하여 쉬지 않건만 몸과 말과 뜻으로 하는 일은 지치거나 싫어함이 없느니라.

(운허스님 번역, 「보현행원품 보문품 보안장」. 동국역경원, 1966년, 4~5쪽)


다음은 반야삼장의 한역(漢譯) 원문이다.

普賢菩薩 告善財言 善男子 言禮敬諸佛者 所有盡法界 虛空界 十方三世 一切佛刹 極微塵數 諸佛世尊 我以普賢行願力故 起深信解 如對目前 悉以淸淨 身語意業 常修禮敬 一一佛所 皆現不可說不可說 佛刹極微塵數身 一一身 遍禮 不可說不可說 佛刹極微塵數佛 虛空界盡 我禮乃盡 而虛空界 不可盡故 我此禮敬 無有窮盡 如是乃至 衆生界盡 衆生業盡 衆生煩惱盡 我禮乃盡 而衆生界 乃至煩惱 無有盡故 我此禮敬 無有窮盡 念念相續 無有間斷 身語意業 無有疲厭

(대정신수대장경 제10권 844쪽의 아래 칸 넷째 줄부터)


다음은 한역(漢譯)과 우리말 번역인 국역(國譯)을 대조한 것이다.
한문 이해에 도움이 될 것이다.


| 普賢菩薩 告善財言 | 보현보살님은 선재동자에게 말씀하셨다. |
|---|---|
| 善男子 | 선남자야 |
| 言禮敬諸佛者 | 부처님께 절한다는 것은 |
| 所有 盡法界 虛空界 | 온 법계 허공계 |
| 十方三世 一切佛刹 | 시방삼세 모든 부처님 세계에 있는 |
| 極微塵數 諸佛世尊 | 아주 작은 티끌 수만큼 많은 부처님들을 |
| 我以普賢行願力故 | 내가 보현의 행원력(行願力) 덕택으로 |
| 起深信解 如對目前 | 깊게 믿음이 눈앞에 뵙는 것과 똑같아서 |
| 悉以淸淨 身語意業 | 청정한 몸과 말과 뜻으로 |
| 常修禮敬 | 항상 절하는 것이니라. |
| 一一佛所 | 낱낱 부처님이 계시는 곳마다 |
| 皆現 不可說不可說 | 이루 다 말할 수 없는 모든 |
| 佛刹 極微塵數身 | 부처님 세계에 있는 아주 작은 티끌만큼 많은 수의 몸을 나타내어 |
| 一一身 | 그 한몸 한몸이 |
| 遍禮 不可說不可說 | 이루 다 말할 수 없는 |
| 佛刹 極微塵數佛 | 부처님세계에 있는 아주 작은 티끌만큼 많은 수의 부처님께 두루 절하는 것이니, |
| 虛空界盡 我禮乃盡 | 허공계(虛空界)가 다한다면 나의 절함도 다하려니와 |
| 而虛空界 不可盡故 | 허공계가 다할 수 없으므로 |
| 我此禮敬 無有窮盡 | 나의 이 절함도 다함이 없느니라. |

| 如是乃至 | 이와 같이 |
|---|---|
| 衆生界盡 | 중생의 세계가 다하고 |
| 衆生業盡 | 중생의 업이 다하고 |
| 衆生煩惱盡 | 중생의 번뇌가 다한다면 |
| 我禮乃盡 | 나의 절함도 다하려니와 |
| 而衆生界 | 중생계와 |
| 念念相續　無有間斷 | 생각생각(念念) 계속하여 쉼이 없어 |
| 身語意業　無有疲厭 | 몸과 말과 뜻으로 하는 일에 지치거나 싫어함이 없느니라. |
| 乃至煩惱　無有盡故 | 내지 중생의 번뇌가 다함이 없으므로 |
| 我此禮敬　無有窮盡 | 나의 이 절함도 다함이 없느니라. |

## 1) 골똘해져야 한다.

우리들이 불경을 읽을 때 명심해야 할 것이 있다. 그것은 무엇보다도 골똘해져야 한다는 것이다. 마음이 산란하거나 정신이 흐트러져 있어서는 안 된다. 요즘의 학교 교실 분위기에서는 골똘함을 맛볼 수 없다. 일요일이면 열리는 각종의 종교 집회에서도 역시 '골똘'과는 거리가 멀다. 시간을 정해 놓고 몇 시부터 몇 시까지라는 틀에 갇혀 있는 한, 사람은 대개 골똘해질 수가 없다. 과거도 끊어지고 미래도 끊어져 아예 시간의 감옥에서 해방되어야 한다. 그래야 불교에서 말하는 골똘을 제대로 맛볼 수 있다. 그래서 옛날부터 수행자는 아예 집을 떠나 산중으로 들어갔다. 깊은 산 속만큼 사람을 골똘하게 만드는 환경은 없다. '한번 산중 맛을 보면 영원히 산을 떠나지 못한다'는 어느 스님의 말씀이 생각난다.

골똘을 경험하지 못한 사람에게 골똘을 이야기하기란 쉽지 않다. 불교 책에 자주 나오는 '삼매'니 '선정'이니 '용맹정진'이니 하는 말들이 모두 골똘한 상태를 이야기해 보려고 애쓰는 데서 나온 말

이다. 지금 우리들이 공부하고 있는 『화엄경』 「보현행원품」에서는
골똘의 경지를 독특한 필치로 설명하고 있다. 한마디로 말하면 부
처님과 내가 행동으로 혼연히 한 덩어리가 되어 있는 상태다. 「행
원품」은 이를 다음과 같이 말한다.

> 모든 법계와 허공계 그리고 시방삼세(十方三世)의
> 모든 부처님 세계에 있는 아주 작은 티끌 수만큼
> 많은 모든 부처님들…
>
> 이들 낱낱 부처님이 계시는 곳마다
> 이루 다 말할 수 없이 많은 모든 부처님 세계에 있는
> 아주 작은 티끌 수만큼 많은 몸을 나타내어
>
> 그 한몸 한몸이
> 이루 다 말할 수 없이 많은 모든 부처님 세계에 있는
> 아주 작은 티끌 수만큼 많은 부처님께 두루 두루 절을 한다.

부처님도 끝없이 많고 내 몸도 끝없이 많다. 그 어느 쪽이 더 많
고 어느 쪽이 더 적다고 말할 수 없다. 한마디로 똑같이 많다. 도대
체 이게 무슨 말인가? 무슨 말을 하고 싶어 『화엄경』은 이러한 표
현법을 빌려 쓰고 있는 것일까?

첫째, 우리는 여기서 부처님과 내 몸이 둘 다 똑같이 끝없이 다
양하며, 언제나 어디에나 함께 있다는 것을 느낄 수 있다.

'하나이면서 여럿이고 여럿이면서 하나[일즉일체 일체즉일(一卽一
切 一切卽一)]'라는 화엄사상이 잘 나타나 있다. 부처님과 내가 하
나임을 화엄사상가들은 이렇게 표현하였다. 그러나 「행원품」은 거

기서 멈추지 않는다. 나의 그 많은 몸들 가운데 한몸 한몸이 모두 그 많은 부처님 가운데 한분 한분 모두에게 절한다. 한 분도 빠짐없이 그리고 한 몸도 빼지 않고 두루 두루 다 절한다. 이처럼 그 많은 몸들이 그 중에 하나도 빠짐없이 다 그렇게 절한다. 여기서 우리는 모두가 끝없이 움직이고 있다는 느낌을 받는다. 절을 받는 부처님과 절을 하는 우리의 몸이 한 덩어리가 되어 있는데, 정물(靜物)과 같은 조용한 하나 됨이 아니라 살아 움직이는 동물(動物)적이고 생명체적인 하나 됨이다. 그리고 그 원동력은 지극 정성으로 성심 성의껏 하는 절이다. 절이란 이런 것이다.

나는 처음 이 대목을 읽다가 현기증이 생겼다. 문득 피겨스케이팅을 하면서 연출하는 피겨스케이터들의 묘기가 생각난다. 몸이 팽이처럼 빙빙 돈다. 얼마나 어지러울까. 그러나 그들은 넘어지지 않는다. 어지러워 비틀거리지도 않는다. 그리고 그들은 그 다음 동작으로 깨끗하게 넘어간다. 한 치의 착오도 없다. 보는 사람은 어지러운데 오히려 스케이팅을 하는 본인들은 아무렇지도 않는 것이다. 여기서 우리는 스케이터 자신과 구경꾼 사이에 있는 차이를 간과할 수 없다.

불경을 읽을 때도 비슷한 현상이 생긴다. 모든 부처님 한분 한분께 실지로 절하는 사람과 절하지 않고 구경꾼처럼 그냥 책을 읽는 사람, 이들 둘 사이엔 분명한 차이가 있다. 이 차이를 분명히 알아야 한다.

1960년대 초에 내가 동국대학교 대학선원에서 이 대목을 강의하다가 말문이 막혔다. '황홀', 나오는 게 황홀하단 말뿐이었다. 뒤에 들은 이야기지만 잠실에 있는 불광사의 광덕스님은 이 대목을 일러 오직 한마음일 뿐이라고 말씀하셨다 한다. 타고 날 때부터 총명한 사람들은 광덕스님의 이 한 마디에 크게 깨달을 수 있을지 모르지만 나는 그러질 못 했다.

무엇보다도 '이제는 알았다'는 듯이 미소 짓는 총명한 사람들의 미소, 그 미소의 밑바닥이 보이는 듯하여 나는 언짢았다. 개신교인들이 중요한 대목에 이르면 덜컹 주저앉아 쏟아내는 말이 '하나님'이다. 그러한 경우, 하나님이 정말 나타나서 주저앉은 사람을 구원하는 경우도 있을지 모르겠지만, 그래도 금방 주저앉지 말고 좀 더 힘차게 밀고 나갔어야 하는데 하는 아쉬움이 남는다. 하나님은 스스로 돕는 자를 돕는다고 하지 않았던가. 하나님은 도중 하차하는 자에겐 도중 하차의 쓴맛을 톡톡히 보여줄 것임에 틀림없다.

이와 같은 아쉬움은 불교계에도 있다. 급하면 모두들 피신처가 있다. 그것이 '마음'이다. 궁즉통(窮則通)이라 하지 않던가. 막혀야 통한다. 막히지도 않았는데 통하는 것은 불교에서 말하는 '통(通)'이 아니다. 정말 꽉 막히지 않고서 툭 터지는 법은 없다. 마음이든 하나님이든 말만 들어도 툭 트인 시원함을 느낄 수 있다. 그러나 느낌과 실지는 다르다는 것을 분명 알아야 한다. 하나님이든 마음이든 요술 방망이가 되어서는 안 된다는 뜻이다. 하나님이란 말이나 마음이란 말이 틀렸다는 것이 아니다. 하나님이란 말이나 마음이란 말을 그때 그렇게 성급하게 써서는 안 된다는 말도 아니다. 이런 말들을 최초로 쓴 사람들은 그래도 진지했을 것임에 틀림없다. 그러나 오늘날 이러한 말들을 즐겨 쓰는 사람들 가운데는 앵무새들이 많은 것 같다. 아무튼 정진하는 도중에 도중 하차하는 듯한 분위기는 극복되어야 한다. 도중 하차의 유혹을 어떻게 극복할 수 있을까.

2) 따져야 한다.

불경을 읽을 때는 철저히 따지면서 읽어야 한다. 불경의 깊은 뜻을 알기 위해서라기보다는 나의 잘못된 생각을 바로 잡기 위해서다. '따짐'은 흔히 '골똘'의 반대말로 알려져 있다. 이것은 겉으로 나타난 양자의 상극적인 면만을 들여다보는 데서 생긴 일종의 논리적인 오류다. 우리는 양자가 사실은 속에서 서로 돕는 상생(相生)적인 관계를 가지고 있다는 것을 알아야 한다. 철저한 의미에서, 따짐 없이는 골똘도 없다. 그리고 골똘 없는 따짐은 불교의 따짐이 아니다.

우리의 몸엔 가지가지의 기능이 있다. 눈은 보고, 귀는 듣고, 코는 냄새 맡고, 혀는 맛보고, 손은 만지고, 발은 걷고… 등등 헤아릴 수 없을 정도이다. 우리는 수시로 때로는 동시에 많은 일을 하면서 산다. 이러한 사람의 모든 기능 가운데 가장 탁월한 기능이 '생각하는 기능'이다. 이러한 기능을 하는 것에 부치는 이름도 가지가지다. 머리·의식·정신·영(靈)·마음 등등 수없이 많다. 이들에 대한 이름이야 어떻게 붙이든 이들의 그 놀라운 능력 때문에 사람들은 정도 이상의 점수를 이들에게 준다.

문제는 여기서 생긴다. 마음이 교만해지는 것이다. 훌륭한 종인 마음이 건방진 독재자로 변신한다. '호랑이에 물려가도 정신만 차리면 산다'는 우리의 속담을 놓고 한번 생각해 보자. 호랑이에 물려가서 죽는 사람이 무수히 많은데도 속담은 여전히 위력을 발휘한다. 이는 정신의 과대평가다. 비슷한 예는 얼마든지 있다. '마음이 모든 것의 주인공'이라느니, 또는 '모든 것은 다 마음이 만들어낸다'는 불교계의 격언도 마찬가지다. 생각하는 기능을 과대평가하는 풍조는 사람 사는 곳이면 어디에나 있다.

내가 지금 여기서 말하고 싶은 것은 간단하다. '심왕(心王),' 즉 '마음이 임금'이란 말이 악이용(惡利用)되고 있는 병폐를 바로잡고 싶은 것이다. 사람에게 있어서 '생각은 임금'이 아니다. 차라리 '생각은 종'이라고 말하는 편이 더 사실에 가까울 것이다. 그것도 아주 유능한 종, 정말 훌륭한 종이라는 말이다.

무엇을 부탁해도 척척 잘 해내는 종을 한번 연상해 보자. 사람의 마음, 사람의 생각은 그러한 종과도 흡사하여 무엇을 시켜도 잘 하고 잘 하고서도 자기가 종이기 때문에 잘했다는 건방짐이 없다. 그러나 한번 이를 과대평가하기 시작하면 걷잡을 수 없는 사상적 혼란에 빠진다. 한번 곰곰 생각해 보자. 부처님의 길이든 하나님의 길이든, 길은 만인에 평등하고 공정한 것이다. 다시 말하면 길에 독재란 있을 수 없다. 좋은 사람이 밟고 가든, 나쁜 사람이 밟고 가든, 길은 말이 없다. 인종도 따지지 않고 귀천도 가리지 않고 빈부귀천, 남녀노소, 선악호오 등등 일체를 문제 삼지 않는다. 누구든 자기를 밟아 가 주는 것만이 그저 고마울 뿐이라는 식이다. 그래서 나는 길을 임금이라고 부르는 데 반대한다. 차라리 종이라고 부르는 것이 더 사실에 가까울 것 같다.

그런데 그런 종이 일시에 독재자로 변신한다면 어떻게 될까. 난리가 난다. 못할 짓이 없을 것이기 때문이다. 사람을 죽이고 결국은 자기도 죽는다. 그것이 난리다. 무서운 일이다. 전율할 노릇이다. 그런데도 요즈음 많은 종교인들이 종을 독재자로 만들어 놓고 난리를 자초하는 비극을 연출한다. 이러한 난리로 덕을 보는 자는 누구고, 피해를 입은 자는 누구인가를 우리는 똑똑히 알아야 한다.

우리는 여기서 삶과 죽음의 갈림길 같은 것을 본다. 종이 종노릇만 잘 하면 그것은 사는 길이고 종이 독재자로 변신하면 그것은 죽는 길이다. 왜 종이 독재자로 변신하는가? 마음이 스스로 그렇게 하는가? 생각이 스스로 그러는가? 아니다. 마음이나 생각이 자기 스스로 그러는 게 아니다. 만일 자기 스스로 그런다면 그건 마음도 아니고 생각도 아니다. 만일 그렇다면 그들은 처음부터 종이 아니었지. 불교에서 말하는 망상이나 탐욕처럼 어디서 생겨 나오는지 근원도 불분명하고 소속도 불분명한 정말 엉뚱한 놈이 불쑥 나타나 종의 유능하고 훌륭함을 훔쳐 가는 정권 쟁탈적 쿠데타를 일으키는 것이다. 그 결과 갑자기 종이 독재자로 변신하는 것이다.

그러니까 사실대로 말하면 종이 독재자로 변신할 때, 정말 종인 마음이나 생각은 기가 막혀 어안이 벙벙 어찌할 바를 모르고 불쑥 나타난 그 엉뚱한 놈에게 악이용(惡利用) 당하는 이적행위를 연출하는 것이다. 다시 말하면 유능한 종은 한번도 변신한 적이 없는 것이다. 엉뚱한 놈, 망상이라 할까 탐욕이라 할까, 그 엉뚱한 놈이 유능한 말[馬] 같은 종을 타고 다니면서 별의별 짓을 다 하는 것이다.

다시 한 번 더 꼭 집어 말하면 유능한 종, 훌륭한 종이 그 훌륭함과 유능함을 발휘하지 못하고 있는 것이다. 한마디로 전도(顚倒) 현상이다. 오늘날 세상 사람들의 이맛살을 찌푸리게 하는 종교계의 가지가지 부패상은 모두 당사자들의 이러한 주객전도에서 비롯되는 것이 아닌가 생각한다. 이러한 '전도현상' 즉 뒤바뀌고 뒤틀리고 뒤집혀짐을 바로 잡지 않으면 사람은 절대로 골똘해질 수 없다. 만일 거기에도 골똘이 있다고 주장하는 사람이 있다면, 그런 골똘은 불교에서 말하는 골똘은 아니라고 분명히 말해 주어야 한다. 고양이도 쥐를 잡으려면 골똘해지고, 도적들도 거사 직전엔 골똘해지고,

귀신 들린 무당에게서도 모종의 골똘을 볼 수 있다. 골똘이라고 다 좋은 것은 아니다. 누구의 골똘이냐가 문제다. 그러니까 어떤 골똘인가를 따져 보아야 한다. 그래서 나는 따짐 없는 골똘은 진정한 골똘이 아니라고 생각한다. 뿐만 아니라 우리의 마음과 생각을 제자리로 돌아가게 하는 일, 다시 말하면 종으로 하여금 영원히 좋은 종노릇하게 하는 작업이 바로 따짐이라고 생각한다.

남전대장경(南傳大藏經)을 보면 부처님이 돌아가셨을 때, 어떤 제자는 '이젠 잔소리 안 듣게 됐다'고 좋아했다고 한다. 부처님의 잔소리는 항상 따짐의 성격을 지닌다. 부처님 스스로도 자기 자신을 '따지는 사람'이라고 말한 적이 있었다. 따짐은 마음의 중요한 기능이며, 생각의 기능이 제대로 잘 돌아가게 하는 일종의 윤활유다.

## 3) 몸짓의 언어와 몸의 언어를 구별할 줄 알아야 한다.

잘 따지기 위해서는 마음이 맑아야 하고, 정신이 깨끗해야 하고, 태도나 자세가 올바로 되어 있어야 하고, 아는 것이 많아야 하고 등등 구비해야 할 조건들이 제법 많다. 그러나 알고 보면 그렇게 어려운 것도 아니다. 여기서 말하는 불교적 요구 조건에는 보통 세상에서 말하는 요구 조건과는 판이하게 다른 특색이 있다.

세속에서 말하는 요구 조건들이 대개 밖에서 거두어들이는 외부적이고 다분히 양적인 것들이라면, 불교적 요구 조건은 자기의 내부에 이미 가지고 있는 것들을 깨끗이 버리는 일, 즉 철저히 질적 전환을 요구하는 작업들이다. 그러한 맥락에서 크게 문제되는 것이 우리들이 날마다 쓰는 언어의 문제이다.

자기가 지금 쓰고 있는 언어의 한계라 할까, 언어의 숙명적인 단

점을 꿰뚫어 볼 줄 모르면 아무리 공부해도 말짱 헛농사라는 말이
다. 언어란 잘 쓰면 사람을 살리는 데 중요한 역할을 하지만 잘못
쓰면 사람을 죽이는 못된 역할을 한다. '언어의 질곡'이니 '생각의
감옥'이니 하는 말들이 그래서 인구에 회자되는 것이다.

　불교에서 말하는 언어는 한 가지가 아님을 알아야 한다. 사람들
이 보통 언어라고 말하면 '몸짓의 언어'를 말한다. 그러나 부처님처
럼 깨친 이의 언어를 보면 우리들이 보통 쓰는 몸짓 언어와는 다른
데가 있다. 이를 나는 '몸의 언어'라고 부른다. 「보현행원품」의 언
어도 '몸짓의 언어'가 아니라 '몸의 언어'라는 사실에 눈을 뜨면 독
경에 큰 도움이 된다. 보현보살의 세계를 몸짓의 세계에서 만들어
진 인위적인 잣대, 즉 시간적 인과율 같은 것으로 재려 하면 결국
엔 자기 공부에 도움이 되지 않는다. 그런 상태로 앉아 있는 한, 절
대로 골똘해질 수 없다. 그리고 따져지지도 않는다.

　그렇다면 몸의 논리는 몸짓의 논리와 어떻게 다른가? '몸짓의 언
어'가 어떤 구체적인 것을 설명하기 위해 만들어진 인간의 도구라
는 성격을 지닌 것이라면, '몸의 언어'는 가지가지의 구체적인 것들
이 모두 함께 여기저기서 동시에 일어나고 있을 때, 이러한 현상을
총체적으로 직관하는 상징성을 지닌 언어라고 말할 수 있을 것이
다. 가령 어떤 사람이 누군가를 사랑하면서 동시에 미워하는 경우,
또는 사랑할 수도 없고 미워할 수도 없는 경우를 상상해 보자. 이
런 경우 '몸짓의 언어'는 정말 무력하다. 그래서 사람들은 이런 경
우에 아예 말을 안 해버린다. 침묵이다. 또 종교계의 성자들은 우리
더러 원수를 사랑하라고 가르친다. 그러나 사랑할 수 없는 것이 원
순데, 어떻게 원수를 사랑하라고 하는가. 말이 안 된다. 그렇다. 몸
짓의 언어로는 말이 안 될 때 나오는 말이 '몸의 언어'다. 죽음은

분명 삶이 아니고, 삶은 또한 죽음이 아니며, 깨지고 부서지는 파괴가 곧 깨치고 살아나는 건설은 아닌데, 선사(禪師)들은 삶이 죽음이고 죽음이 삶이고 깨짐이 깨침이라고 말한다. '몸짓의 언어'밖엔 모르는 사람들은 '말도 안 된다'고 팔짝 뛰겠지만, '몸의 언어'가 무엇인 줄 아는 사람들은 그때 자기가 해야 할 일이 무엇인 줄 안다.

부처님의 최초 법문으로 알려져 있는 '사제법문(四諦法門)'을 해석할 때도 우리는 똑같은 어려움을 겪는다. 몸짓의 언어밖에 모르면 열반은 항상 저 멀리 있는 남의 것일 뿐이다. 그래서 열반의 즐거움을 얻기 위해서 괴로움을 없애려고 무진 애를 쓴다. 그렇지만 몸의 언어에 통달한 사람은 괴로움이 곧 즐거움임을 안다. 소승의 생멸사제(生滅四諦)와 대승의 무생사제(無生四諦)는 이렇게 다르다. 왜 대승운동을 일으킨 사람들이 경전을 다시 썼을까? 소승경전들이 모두 '몸짓 언어'로 쓰였기 때문에 융통 자재한 '몸의 언어'로 쓰인 불경이 필요했던 것이다.

「보현행원품」을 해석할 때도 마찬가지다. 부처님을 몸짓의 언어로 해석하려 하면 허황한 소리가 되고 만다. 나의 몸을 해석할 때도 몸짓의 언어로 풀려 하면 이건 사실과 다르지 않느냐는 불평이 절로 나오게 된다. 그러나 따짐과 골똘을 되풀이하는 과정에서 사물을 보는 내 눈이 바뀌면 부처님은 부처님이 아니고 내 몸은 내 몸이 아님을 알게 된다. 여기서 '몸짓의 언어'가 아닌 '몸의 언어'가 탄생한다. 한번 몸의 언어가 무엇인 줄 알게 되면 그때엔 몸짓의 언어를 더 자유자재하게 구사할 수 있게 된다. 이러한 경지에서는 몸짓의 언어 밖에 따로 몸의 언어가 존재하는 것이 아니라 몸짓의 언어는 몸 언어의 구체적인 일이 된다.

그리고 옛날 몸의 언어에 거부감을 갖고 있던 시절, 다시 말하면

입을 연 이상 말은 몸짓의 언어라야 말이지, 몸짓 언어의 문법과 논리에 어긋나면 말이 아니라고 버티던 시절의 혼란을 극복하게 된다. 앞으로 우리들은 이러한 말을 기회 있을 때마다 더 해야 할 것이다.

### 4) 의심이 생겨야

1962년, 내가 동국대학교 대학선원(大學禪院) 간사 일을 보고 있을 때의 일이다. 어떤 점잖은 거사님이 가끔 선원을 찾아와 종일 참선을 하시곤 했다. 불교계의 원로 지도자라며 모두들 예우가 극진했다. 이 거사님이 어느 날 당신이 불교를 처음 만났을 때의 이야기를 들려 주었다. 자기는 불교를 아무에게서도 배운 적이 없는데, 처음 『금강경』을 읽었을 때 아무런 의심이 없었다고 했다. 그분의 표정을 보니 거짓말을 하고 있는 것 같진 않았다. 그러나 그 말을 듣고 난 뒤로 나는 그분에 대한 흥미를 잃었다. 깨치면 어느 불경을 읽어도 막힘이 없고 깨치지 못하면 경을 아무리 오래 읽어도 소용이 없다는 말을 들은 적이 있는데, 이 존경받는 거사님은 분명 당신이 깨친 사람이라는 사실을 이런 식으로 말하고 있는 것처럼 느껴졌기 때문이다.

그때나 지금이나 나에게는 한 가지 원칙이 있다. 깨친 경지를 우리의 잣대로 재려고 들면 문제가 생긴다는 것이다. 다시 말하면 깨친 사람과 깨치지 못한 사람을 구별하려 할 때, 우리는 부처님의 가르침을 등지는 아이러니를 연출해서는 안 된다.

「보현행원품」을 읽으면 환희심이 난다고 한다. 그것은 사실이라고 본다. 그러나 「보현행원품」은 읽으면 읽을수록 의심이 커 가는 것도 사실이다. 의심엔 두 가지가 있다. 하나는 읽고 또 읽으면 풀리는 의심이요, 다른 하나는 읽으면 읽을수록 더 커지는 의심이다. 후자는 불교에서 말하는 일종의 화두(話頭) 같은 것이다. 불경엔 '일즉일체 일체즉일(一卽一切 一切卽一)'이라는 말이 있다. 이 세상에 존재하는 것은 무엇이나 '하나[一]이면서 동시에 여럿[多]이며, 여럿[多]이면서 동시에 하나[一]'라는 뜻이다. 신라의 고승, 의상(625~702)이 지은 「법성게(法性偈)」의 핵심사상이라고도 할 수 있는 이 말은 불교의 연기(緣起) 사상을 단적으로 잘 드러낸 말이다.

이런 연기의 도리를 놓고 미소를 지으면서 고개를 끄덕거리는 사람을 흔히 본다. 분명 환희심이 난 사람들이리라. 그러나 '일즉일체'란 머리로 아는 것이 아니라 몸으로 아는 것이다. 이 말은 내가 일자(一者)이면서 동시에 일체자(一切者)이기 때문에 나의 삶 자체가 일체자다울 때 스스로 터득된다는 말이다. 문제는 여기서 생긴다. 내가 평소에 하는 짓을 돌아다보면 영 일체자(一切者)답지 못했다. 내가 왜 그럴까 하는 의심이 없을 수 없다. 이런 의심이 수도에 불을 붙인다. 「보현행원품」 '예경제불원'에 부처님도 무한량 많고 내 몸 또한 무한정 많은데, 나의 그 많은 몸 가운데 한몸 한몸이 그 많은 부처님 가운데 한분 한분 앞에 나아가 절을 한다고 했다.

도대체 이것이 현실적으로 어떻게 가능하냐는 의심이 없을 수 없다. 「보현행원품」을 독송할 때 일어나는 이런 의심을 우리는 진지하게 다루어야 한다. 이런 의심을 소중하게 다루지 않으면 10년 공부 도로 아미타불이 되고 만다. 의심에는 여우의 의심[狐疑]처럼 방정맞은 것도 있지만, 자기의 근본적인 결함을 고발하여 마침내 그 한계를 극복하는 원동력이 되는 의심도 있다는 것을 우리는 잊지 말아야 한다.

## 5) 보현보살의 원력을 믿어야 한다.

'여대목전(如對目前)'이 어떻게 가능한가를 따지는 과정에서 우리는 '보현행원력(普賢行願力)'이라는 또 하나의 커다란 화두를 만난다. 보현보살님의 원력이 아니고서는 내 마음에 깊은 믿음도 안 생기고 여대목전도 안 되는 것이다. 보현행원력으로 말미암아 믿음도 생기고 여대목전도 된다. 그때 우리의 업도 모두 청정해지고 끝없는 예경을 드릴 수 있게 된다. 보현보살의 원력이 얼마나 중요한 역할을 하고 있는지를 알겠다.

바람[願]과 믿음[信]과 절함[禮] 가운데 바람이 으뜸이라는 생각이 든다. 그리고 그 바람은 보현보살의 바람인 것이다. 다음에 「보현행원품」의 해당 문장을 우리의 사상에 맞도록 의역(意譯)하여 다시 한 번 살펴보자.

| | |
|---|---|
| 이 세상의 모든 부처님들 | 極微塵數 諸佛世尊 |
| 보현보살님의 원력으로 | 我以普賢行願力故 |
| 깊은 믿음 생겨 | 起深信解 |
| 눈앞에 뵈니 | 如對目前 |
| 몸과 말과 뜻이 모두 깨끗해져 | 悉以淸淨 身語意業 |
| 항상 절을 한다. | 常修禮敬 |

보현보살님의 원력이란 뭘까? 이 품은 원래 보현보살이 선재동자에게 설법하는 형식으로 되어 있다. 그러므로 '아이보현행원력고(我以普賢行願力故)'라고 말할 때의 '아(我)'는 응당 보현보살을 가리킨다. 그런데 그 다음에 보현이라는 말이 또 나온다. 이때의 보현은

누군가? 앞에 '아(我)'라는 대명사로 받은 보현보살과 동일인인가, 아닌가? 앞의 보현은 구체적인 보현이요, 뒤의 보현은 보편적인 보현인가? 가지가지의 추론이 가능하다. 다만 여기서 적당히 넘어갈 수 없는 대목은 '보현행원력'이라는 말이 하나의 화엄학적 전문용어라는 사실이다. 여래의 수승한 공덕과 보현행자가 닦을 십종(十種)의 광대행원(廣大行願)은 불가분리의 관계에 있다. 처음에 말을 시작할 때는 '수승한 여래의 공덕을 성취하려면 내가 열 가지 광대행원을 닦아야 한다'고 인과법문(因果法門) 같은 소리를 했지만 여래의 실지 공덕에는 이미 광대행원이 포함되어 있다. 그래서 이 품의 첫 머리에서 "여래의 공덕은 아무리 훌륭한 사람이 아무리 오래도록 계속하여 설명해도 다 설명 못한다"고 못 박은 것이다. 그렇다면 우리는 보현행원력을 여래의 공덕으로 보아야 옳을 것이다.

보현행을 실천하는 사람들 사이에서 흔히 듣는 이야기지만, 누군가가 하기 어려운 일을 능히 해냈을 때 사람들은 '보현행원의 덕택'이라고 치하한다. 이러한 경우를 자세히 들여다보면 대개 두 가지로 나뉜다. 하나는 남이 자기를 치하하는 경우이다. 이때는 그 좋은 일을 성취해 낸 원동력이 실천자 자신에게 있는 듯이 들린다. 다른 하나는 남의 치하를 겸양하는 경우인데, 그때는 공덕의 주인공이 자기가 아니고 보현보살이라고 공을 보현보살에게 돌리는 것처럼 들린다. 여기서 공덕이 나로 말미암은 것인가, 아니면 보현보살 덕택인가? 하는 문제가 생긴다.

옛날부터 불교학자들은 성불의 원동력을 자력으로 보는가, 아니면 타력으로 보는가? 하는 문제를 가지고 오랫동안 논란을 거듭해 왔다. 지금 우리도 그와 비슷한 문제에 부딪치고 있다. 보현공덕은 자력인가, 타력인가? 불교의 교리 안에서 정답을 끄집어내려고 애쓰지 말고 솔직하게 느낀 대로 이야기해 보자. '내가 「보현행원품」
을 열심히 읽었더니 일이 이렇게 잘 됩니다'라고 말할 수 있을까?
누가 만일 그렇게 말한다면 우리 부처님은 이마를 찌푸리실 것 같
다. 그러나 반대로 '저는 아무것도 한 일 없습니다. 모두가 보현보
살님 덕택입니다'라고 말한다면 부처님은 고개를 끄덕일 것 같다.
　이제 여러 말 하지 말고 「보현행원품」을 독송하자. 아래에 언제
읽어도 신심 나는 '예경제불원'의 마지막 구절을 다시 한 번 한문
과 대조하여 적어 본다.

| | |
|---|---|
| 허공계가 다하면 | 허공계진(虛空界盡) |
| 나의 예경도 다하겠지만 | 아례내진(我禮乃盡) |
| 허공계는 다함이 없으므로 | 이허공계　불가진고(而虛空界　不可盡故) |
| 나의 이 예경도 다함이 없다. | 아차예경　무유궁진(我此禮敬　無有窮盡) |
| 이와 같이 | 여시내지(如是乃至) |
| 중생계가 다하고 | 중생계진(衆生界盡) |
| 중생의 업이 다하고 | 중생업진(衆生業盡) |
| 중생의 번뇌가 다하면 | 중생번뇌진(衆生煩惱盡) |
| 나의 이 예경도 다하겠지만 | 아례내진(我禮乃盡) |
| 중생계 내지 번뇌는 | 이중생계　내지번뇌(而衆生界　乃至煩惱) |
| 다함이 없으므로 | 무유진고(無有盡故) |
| 나의 이 예경도 다함이 없다. | 아차예경　무유궁진(我此禮敬　無有窮盡) |
| 생각생각 상속하여 끊임이 없되 | 염념상속　무유간단(念念相續　無有間斷) |

| 몸과 말과 뜻으로 짓는 일에 | 신어의업(身語意業) |
|---|---|
| 지치거나 싫어하는 생각이 없느니라. | 무유피염(無有疲厭) |

「보현행원품」은 원래 독송하는 글이다. 독송을 계속하면 새 맛이 끝없이 우러나온다. 특히 노래의 후렴 같은 위에 적은 마지막 대목은 열 가지 행원의 하나하나마다 그 마지막에 꼭 나온다. 보현보살의 신앙고백 같기도 하고, 독송하는 나 자신의 기도문 같기도 하다. 요즘엔 신앙이니 기도라는 말을 듣기조차 싫어하는 사람들이 있다. 분명, 기도라는 말이 잘못 이해되고 있는 것 같다. 비단 기도라는 말뿐만 아니라 성(聖)스럽다든지 또는 종교적이라는 말 자체도 듣기 싫어하는 사람들이 있다. 왜 세상이 이렇게 되어 버렸을까? 두 가지가 생각난다.

첫째는 종교를 내세워서 세속적인 이익을 챙기는 사람들의 횡포가 너무 심하기 때문이다. 사람들은 이러한 풍조에 식상한다. '염불보다는 잿밥에 더 관심이 많다'는 말은 옛날부터 있던 말이다. 그러나 지금은 잿밥 정도가 아니라 그것이 기업으로 되어 있고, 그러한 기업의 성공을 위해 하는 짓은 가위 무소불위(無所不爲)라 해도 과언이 아닐 정도다. 심각성이 위험 수위를 넘은 것 같다.

둘째는 종교의 전문용어에 대한 국민 공통의 통일적인 이해가 없다는 사실이다. 이 말은 좋은 불교용어 사전이 없다는 말이 아니다. 훌륭한 불교 서적이 없다는 말도 아니다. 문제는 돈의 위력이 옛날의 독재자를 방불케 하는 지구촌 시대가 등장하면서 세상은 지금 커다란 혼란에 빠져 있다는 데에 있다. 종래의 가치와 신념의 체계가 송두리째 흔들리고 있기 때문이다. 있는 것은 오직 돈의 가치와 돈에 대한 신념뿐인 것처럼 보인다. 아무리 좋은 사전이 나오고 훌륭한 책이 나온다 할지라도 불교를 믿는 사람들의 삶이 이를 뒷받침해 주지 않으면 아무 소용이 없는 것이다.

사람들은 불교인들의 말에 귀 기울인 다음에는 반드시 이를 불교인들의 행위와 비교해 본다는 것을 잊어서는 안 된다. 언행이 일치하지 않을 때 사람들은 침을 뱉고 돌아선다. 그러므로 우리는 종교를 비판하는 사람들의 말을 선지식의 방망이로 알고 우리들 자신을 반성하고 참회해야 할 것이다. 지금 천하를 풍미하는 이러한 병폐에 대한 좋은 약방문이 바로 보현행원 사상이 아닌가 생각한다.

## 3. 부처님의 공덕

「보현행원품」이 맨 먼저 들고 나온 문제는 부처님의 공덕이 얼마나 위대한가를 따지는 일이다. 한 마디로 말해 부처님의 공덕은 우리들의 상상을 초월한다. 기독교에서 말하는 전지전능(全知全能)이라는 말도 오히려 무색할 지경이다. 부처님의 공덕은 아무리 많은 부처님들이 아무리 오래도록 쉬지 않고 계속 설명한다 할지라도 다 설명할 수는 없다고 「보현행원품」은 잘라 말하고 있다.

그럼에도 불구하고 부처님의 그와 같은 위대한 공덕을 수행자는 모두 직접 성취할 수 있다고 한다. 어떻게? 바로 커다란 원(願)을 세우면 된다. 보현보살은 이 커다란 원을 열 가지로 설명한다. 이것이 유명한 보현보살의 십대원(十大願)이다.

십대원(十大願)이란?

① 부처님께 절하고[禮敬諸佛] ② 부처님을 찬탄하고[稱讚如來] ③ 널리 공양하고[廣修供養] ④ 업장을 참회하고[懺悔業障] ⑤ 남이 잘

한 일을 자기가 잘한 일처럼 기뻐하고[隨喜功德] ⑥ 설법을 청하고[請轉法輪] ⑦ 부처님이 세상에 오래 계시기를 청하고[請佛住世] ⑧ 부처님을 본받아 배우고[常隨佛學] ⑨ 항상 중생 편에 서고[恒順衆生] ⑩ 자기가 지은 공덕을 남들에게 돌려주는 것[普皆廻向]이다.

여기서 중요한 것은 이상의 열 가지 일들이 각각 따로따로 놀아서는 안 된다는 것이다. 어느 하나를 하든 그 하나 속에 다른 아홉이 다 녹아 들어와야 한다. 다시 말하면 첫째의 예경을 할 때 그 다음의 찬탄, 공양, 참회 등등을 포함하여 마지막의 수순과 회향까지가 다 동시에 성취되어야 한다. 이렇게 되려면 경을 읽는 사람의 의식이 바뀌어야 한다. 경을 읽는 사람의 의식이 흩어져 있거나 또는 굳어져 있어서 '사람 따로, 경 따로[書自書 我自我]'여서는 안 된다. 사람의 의식 상태가 그러한 수준에 머물러 있는 한, 열 가지 일이 동시에 성취될 수 없다. 경을 읽는 사람의 의식 속에 열 가지가 다 들어와 있어야 한다. 다시 말하면 인간의 의식이 어디에 집착해 있지 않고 허공처럼 모든 것을 포용할 수 있도록 확대되어야 한다. 확대된 의식으로 경을 읽는 것과 어디에 집착된 의식으로 경을 읽는 것은 천양지차(天壤之差)이다.

## 1) 부처님께 절한다

사람들은 불교의 사원을 가리켜 '절'이라고 부른다. 왜 '절'이라고 하는가? 사람들이 가서 절하니까. 절이라는 말을 놓고 따지기 좋아하는 사람들은 먼저 한국말 어원사전부터 찾아볼 것이다. 그 다음에는 절이라는 말이 실지로 언제부터 쓰였는가를 조사할 것이고, 이리하여 나중엔 절이란 말이 옛날 어느 문헌에 처음으로 나타났다느니, 신라 때 이두문자로는 뭐라 했다느니 등등 말이 많을 것이다. 그러나 오늘 나의 관심사는 그런 것에 있지 않다. 오늘날 많은 불교도들이 절에 가면 으레 절을 많이 한다는 사실, 그것이 나의 관심사다.

'절'이라 하면 으레 '절하는 곳'으로 생각한다는 그 사실이 흥미롭단 말이다. 개신교의 교회도 처음엔 '예배당'이라 했다. '절하는 곳'이란 말이다. 절이라고 하나 예배당이라 하나 그 이름이야 어떻든 그 내용은 같은 것이다. 다른 것이 나타나면 다른 점을 지적하기에 신바람이 나는 사람들을 이 자리에서 거론할 필요는 없다. 다른 것 속에서도 같은 것을 발견할 줄 아는 지혜의 눈을 가져야겠다. 절에서도 예배당에서도 그 속에서 실지로 벌어지는 일이 '절'이라는 사실이 경이롭지 않은가.

종교의 세계에서 절을 빼버리면 무엇이 남을까. 절은 않고 말만 많이 한다면 뭔가 잘못됐다는 생각이 든다. 종교의 세계에서는 '말을 잘하는 것'보다 '절을 잘하는 것'이 선행돼야 할 것 같다. 그럼 절을 잘 한다는 말은 무슨 말인가? 고개를 숙이고 허리를 굽히는 절의 종교적인 의미를 한번 생각해 보자. 사람이 절을 할 때는 대개 절을 받는 대상이 있기 마련이다. 절에 가서 하는 절은 부처님께 하는 절이요, 예배당에 가서 하는 절은 하나님께 하는 절이요, 학교에서는 선생님께, 집에서는 부모님께 등등 모두 대상이 있다.

이처럼 대상은 다 다르지만 공통점은 절하는 나를 낮추고 절 받는 상대방을 높인다는 데 있다. 그러므로 상대방을 무시하면서 절을 한다면 그것은 종교적인 절이 아니다. 선거 때마다 보는 풍경이지만 한 표 찍어 달라고 굽실거리는 절, 아부하고 아첨하는 사람들의 절은 종교적인 절이 아니다. 오늘 우리들이 공부하려는 「보현행원품」의 제1의 소원인 '예경제불원'은 종교적인 절의 불교적인 의미를 가르쳐 준다.

## 2) 부처님은 어디에 계시는가

불교인들은 주로 절에 가서 절을 한다. 그러나 「보현행원품」은 어디서나 절하라고 가르치고 있다. 왜냐하면 부처님은 어디에나 계시기 때문이다. '아주 작은 티끌 수만큼 많은 모든 부처님'이란 말은 모든 것이 다 부처님이라는 말이다. 그러한 모든 부처님께 절을 하라는 말은 어디서나 절을 하라는 말과 같다. 우리는 여기서 부처님은 단수가 아니라 복수라는 사실에 주의해야 한다. 옛날 인도 사람들은 우리들이 살고 있는 지구를 티끌로 이루진 것으로 보았다. 요즘 과학자들이 모든 것은 원자로 이루어졌다고 말하는 것과 비슷한 말투라고 생각하면 된다. 그렇다면 티끌의 수는 무한정 많을 것임에 틀림없다. 고대 인도인들의 우주관은 아주 방대하여 우리들이 상상할 수 있는 세계밖에 또 그러한 세계가 있고 또 그 세계 밖에 또 그러한 세계가 있는 식으로 끝없이 세계는 중중무진(重重無盡)으로 있다는 것이다. 그러한 세계가 모두 티끌로 이루어져 있는데, 그 무한정한 세계의 모든 티끌 하나하나에 모두 부처님이 계신다는 것이다. 그러므로 부처님은 문자 그대로 무한정으로 어디에나 계신다고 말한다. 절은 그러한 부처님께 절을 한다는 것이다.

## 3) 어떻게 믿을 수 있는가

문제는 여기서 생긴다. 그것을 어떻게 사실이라고 믿을 수 있느냐는 것이다. 과학 실증주의적 사고방식에 젖어 있는 사람은 믿기 어려울 것이다. 여기서 「보현행원품」은 믿는 길이 있다고 말한다. 그것은 '소원의 힘'으로 가능하다는 것이다. 또한 그 믿음은 모르기 때문에 믿는다든지, 아니면 모르지만 불경에 그렇게 쓰여 있으니까 믿는다든지 하는 그러한 믿음이 아니라 내 눈에 확 드러난다는 것이다. 그러니까 믿는다는 말도 필요 없게 된다. 내 눈앞에 뚜렷이 드러났는데 믿고 자시고 할 것이 없는 것이다.

믿음은 여대목전(如對目前)이 안 되는 사람들을 위해서 하는 말이다. 믿는다는 말은 아직 안 드러난 사람에게나 필요한 말이다. 예를 들어 말하면 가령 미국에 한번도 가보지 못한 한국 사람이 미국이라는 나라가 실지로 지구상에 있느냐는 질문 앞에 여러 가지 증거를 대면서 믿는다는 말을 쓸 수 있지만, 일단 미국에 입국하여 미국에서 사는 사람은 미국의 존재에 대해 믿느냐 안 믿느냐를 가지고 왈가왈부하지 않는다. 그러므로 '여대목전'이란 말은 믿음 이상의 경지임을 말하는 것이다.

부처님께 절할 때 가장 중요한 것이 무엇일까? 바로 이 '여대목전'이다. 나랏님도 안 볼 때는 욕을 한다는 속담이 있다. 이 말을 뒤집어 보면 임금님 앞에서는 욕은커녕 정신이 하나도 없다는 말이리라. 부처님께 절할 때, 부처님이 옆에 계신 듯이 한다는 말은 이러한 예경의 분위기를 표현하는 한 문학적 형식으로 보는 사람도 있다. 그러나 불교문학에는 비유문학 이상의 것이 있다. 다시 말하면 비유가 부서지는 자리가 있다는 말이다. 그것은 상상의 차원이 아닌 실지를 드러내려고 애쓰고 있는 대목이다. 그때에 동원되는 말이 '여대목전'이다.


## 4. 번역의 문제점

『화엄경』「보현행원품」 우리말 번역들이 과연 예경제불원에 나

오는 '여대목전(如對目前)'이라는 말을 제대로 처리했는지 의심스
럽다. 여기서 '여대목전'이란 말은 제2의 칭찬여래원(稱讚如來願)에
나오는 현전지견(現前知見)의 '현전(現前)'과 마찬가지로 수행자의
어떤 경지를 나타내는 상징적인 말이다. 그러므로 우리는 '여대목
전'이란 말이 '몸짓 언어'가 아니고 '몸 언어'라는 사실에 주의해야
할 것 같다.

운허스님은 그것을 보현행자가 부처님을 받드는 모습을 수식하
는 말로 본 듯하다. 그래서 그 번역은 '보현의 수행과 서원의 힘으
로 깊은 믿음을 일으켜 눈앞에 뵈온 듯이 받들고…'가 되었다. '받
들고'란 말이 본문에는 없는데도 불구하고 없는 글자를 삽입해서까
지 드러내고자 하는 운허스님의 뜻은 오히려 분명하다. 운허스님은
'여대목전'을 하나의 구체적인 몸짓으로 보고 있음이 분명하다. 법
정스님도 그의 『나누는 기쁨』(불일출판사, 1984, 16쪽)에서 운허스
님의 번역을 그대로 따르고 있다.

그러나 광덕스님은 그의 『보현행원품 강의』(불광출판부, 1994년,
24쪽)에서 그것을 깊은 믿음을 수식하는 말로 보고서 '… 내가 보
현행원의 원력으로 눈앞에 대하듯 깊은 믿음을 내어서…'라고 번역
하였다. 한 분은 '여대목전'을 보현행자의 예경하는 행위를 수식하
는 말로 보았고, 한 분은 보현행자의 신심을 수식하는 말로 보고
있다. 이러나저러나 결과적으로는 둘 다 똑같이 그 많은 부처님을
눈앞에 뵌 듯이 예경한다는 뜻을 깔고 있으므로 어느 것은 옳고 어
느 것은 그르다는 식으로 말할 수는 없을 것 같다. 그러나 '여대목
전'이란 말이 원래 안 계신 곳 없고 안 계신 때 없이 일체가 부처
님인 화엄의 세계와 예경하는 나하고가 극적으로 만나는 대목을 상
징적으로 손가락질하고 있다는 것을 생각하면, 그 손가락이 가리키

는 달을 번역에 반영해야 하지 않을까.

'나와 부처님의 만남'이라는 종교적인 체험을 몸짓 세계의 한 예인 '여대목전'이란 말로 표현하고 있다는 본문의 핵심 메시지를 좀 더 분명히 드러내는 새로운 번역이 나왔으면 좋겠다.

## 1) 비유는 만능이 아니다.

불교 문헌엔 비유가 많다. 불전비유법(佛典比喩法)은 글 쓰는 사람이 독자들의 이해를 돕기 위해 누구나 다 아는 가장 비근한 예를 이용해 전달하고자 하는 메시지를 담는다. 불전비유법은 이 메시지를 설명하는 문학적인 장르라고 할 수 있을 것이다. 그러나 사람들은 비유만을 알아들을 뿐, 그러한 비유를 통해서 밝히고 싶어 하는 글쓴이의 저의를 잡지 못하는 경우가 많다. 앞에서 우리는 「보현행원품」 예경제불원에 나오는 '여대목전(如對目前)'이란 말을 가지고 한참 동안 설명했다. 글자만을 있는 그대로 해석하면 '뭔가를 마치 눈앞에 대하듯이 그렇게 분명하게'라는 뜻이니 조금도 어려운 말이 아니다.

그러나 그 말이 등장하는 문장 전체의 흐름을 보면 이 말이 가지고 있는 메시지는 너무나 중요하다는 것을 곧 알 수 있다. 우선 이렇게 물어보자. 무엇이 마치 내 눈앞에 대하듯 하느냐고. 보나 안보나 그것은 부처님이다. 그러나 그 부처님은 화엄적 부처님이지 절집의 불상도 아니고 어떤 특정한 부처님을 가리키지도 않는다. 그러므로 '부처님을 내 눈앞에 뵌 듯이 본다'고 말할 때 혹시라도 이를 반화엄(反華嚴)적인 부처님으로 바꾸는 오류를 범하지는 말아야 할 것이다.

우리가 무엇보다도 경계해야 할 것은 부처님을 대상화(對象化)하는 것이다. 부처님을 대상화하면 화엄사상이 아니다. 불경엔 부처님을 대상화하는 장면도 많다. 그러나 「보현행원품」에 나오는 '여대목전'이란 표현은 일즉일체적 화엄의 연기적 세계가 추호도 의심 없는 여법(如法)한 현실임을 드러내려는 말이다. 따라서 이 대목을 어떤 상상의 세계를 수식하고 있는 것처럼 이해해서는 안 된다. 그리고 '마치…'라는 말이 '사실은 그렇지 않는데…'라는 분위기를 조성해서는 더욱 안 된다. '마치…'라는 말로 시작하는 어법을 중국의 한문과는 언어학적 족보가 다른 서구의 영어로 번역할 때, 그것은 백발백중 가정법(subjunctive mood)이 되고 만다.

우리는 「보현행원품」의 '여대목전'을 이해할 때, 대상화나 가정법의 오류에 오도(誤導)되지 않도록 매우 조심해야 한다. 나도 없어지고 부처도 없어지고 그러면서 나와 부처가 둘이 아닌 화엄의 세계로 녹아 들어가는 것을 '여대목전'이라 말한 것이 아닐까.

불경의 목적은 말만을 전달하는 데에 있지 않다. 담겨진 메시지를 제대로 전달해야 한다. 우리들이 처음 이 문제를 가지고 논의를 벌렸을 때, 우리의 잠정적인 결론은 운허스님처럼 부처님을 '받드는 모습'을 수식하는 말로 볼 것인가, 아니면 광덕스님처럼 부처님에 대한 '믿음의 깊이'를 나타내는 말로 볼 것인가로 요약했지만, 실지 문제는 단순한 번역상의 문제에 그치지 않았다. 그때에 우리가 부딪친 문제는 '부처님이 누구냐?'의 문제였고, 그것은 동시에 '나는 누구냐?'의 문제였다. 그리고 그것은 '믿음이 뭐냐?'를 묻는 불교의 근본문제였다.

우리의 질문은 셋으로 나뉘어 있지만 그 답변은 셋으로 나뉘지 않고 오직 한 마디, '여대목전'이라는 말로 받은 것이다. 그러므로 '여대목전'이란 말은 부처님이 누구임을 그림을 그리듯 밝히고 있고, 또한 절을 하는 내가 누구임을 밝히고 있으며, 동시에 믿음이 무엇임을 밝히고 있다고 보아야 할 것이다. 절을 하는 나와 절을 받는 부처님과 그리고 이들 둘을 잇는 믿음, 이 세 가지가 유기적으로 하나 되어 있는 구조를 극적으로 드러내는 말이 '여대목전'이다.

부처님을 볼 때 절하는 나를 보고, 절하는 나를 볼 때 부처님을 보며, 이렇게 둘을 함께 보는 것을 믿음이라 말하고 있는 것 같다. 이처럼 셋의 하나 됨이 너무나 분명함을 '여대목전'이라 말한 것이다. 「보현행원품」의 저자는 보현신앙의 어떤 역동적인 장면을 드러내려고 애쓰고 있는 것 같다. 그래서 나는 여기서 다시 한 번 묻고 싶다. "무엇을 마치 내 눈앞에 대하듯(여대목전) 하는가?"라고. 그에 대한 답변은 바로 '화엄경의 연기적 세계'임이 분명하다.

이러한 연기적인 세계가 여대목전이 되면 '부처님이 옆에 계시듯'이라는 따위의 잠꼬대 같은 번역은 할 수 없을 것이다. 그러므로 우리는 '여대목전'을 단순한 형용구로 보아서는 안 되겠다. 이것이 불경은 '몸짓의 언어'로만 읽어서는 안 되고, '몸의 언어'로 읽어야 한다고 주장하는 나의 논거이다.

그러면 영어권에서는 이 대목을 어떻게 처리했는지 잠깐 살펴보자. 1930년에 나온 스즈키(D.T. Suzuki)의 영역은 다음과 같다.

'And because of the virtue of Samantabhadra's life of vows a deep faith is awakened in a Bodhisattva's heart, and he will feel as if he were in the presence of all these Buddhas⋯.'

[D.T. Suzuki, Studies in the Lankavatara Sutra. London: *George Routledge & Sons*, 1930, p.230 참조]

스즈키(鈴木)는 '여대목전'을 'as if he were in the presence of all these Buddhas'라고 영역했다. 여기서 as if he were로 시작하는 영어구문은 가정법(subjunctive mood)이다. 스즈키는 '여대목전'을 현실(reality)로 보지 않았다. 그의 『화엄경』 번역에 동원된 언어는 '몸의 언어'가 아니라 전형적인 '몸짓의 언어'다.

어쩌면 이것은 언어의 한계일지도 모른다. 언어는 누구의 언어이든 현실적으로는 '몸짓의 언어'를 빌려 쓰지 않을 수 없다. 그러나 '몸짓의 언어'로 '몸의 언어'를 구사하는 것이 불경임을 생각할 때, 우리는 종교의 세계에서 경지(境地)의 문제가 얼마나 중요한가를 새삼스럽게 실감하게 된다. 부처님께 예경을 드리는 것은 단순한 몸짓이 아니다. 천지 만물이 온통 한 덩어리가 되어 있는 온 몸의 일이다.

1982년에 나온 *Dharm Realm Buddhist University*의 영역은 다음과 같다

'But because of the power of Universal Worthy Bodhisattva's practice and vows, I have profound faith in those Buddhas and truly believe in them, just as if they were standing right before my eyes⋯.'
[Dharma Realm Buddhist University, *The Great Means Expansive Buddha Flower Adornment Sutra*: Universal Worthy's Conduct and Vows, Chapter 40. Talmage, CA, 1982.]

법계불교대학의 영역도 스즈키의 번역과 똑같은 문제점을 가지고 있다. 그것은 철두철미 몸짓의 언어로 일관해 있어서 중요한 현전(現前)의 소식은 송두리째 다 빠져 나가버렸다. 내가 지금 이렇게 심한 말을 하는 것은 그들의 번역에 나타난 'as if⋯'의 구문이 못

마땅해서이다. 한 마디로 말해서 이런 번역을 읽고서 중중무애(重重無礙)한 화엄연기(華嚴緣起)의 세계를 이해할 수 없기 때문이다. 이런 번역에서는 『화엄경』이 말하고자 하는 부처님도 드러나 있지 않고, 절하는 자기 자신도 드러나 있지 않으며, 부처님과 자기를 잇는 믿음도 드러나 있지 않다.

아니, 드러나지 못하도록 만들어 놓았다. '몸짓 언어'가 '몸 언어'의 등장을 가로막는 장애물이 되어 있다. '여대목전'을 가정법으로 처리하면 독자의 마음에 화두가 생기지 않는다. 화두란 사람을 꽉 막히게 하는 것인데 막히기는커녕 빙긋이 웃게 만드니 기가 막힐 노릇 아닌가. '여대목전'이란 말은 '같을 여(如)'란 글자가 처음에 나오기 때문에 영어로는 가정법으로 처리하기 쉽다. 우리는 「보현행원품」이 '여대목전'을 하나의 비유로 쓰는데 그치지 않고, 그것이 하나의 엄연한 현실임을 누누이 강조하고 있다는 사실을 잊어서는 안 된다. 이것이 사실이 되어야 의심이 생기고, 의심이 생겨야 기가 꽉 막히고, 그래야 마침내 종래의 잘못된 불타관·인간관·신앙관 등등이 일시에 부서지는 대혁명이 일어나는 것이다.

여기서 우리는 이런 의심을 할 수가 있다. 그렇다면 당나라 반야삼장(般若三藏)이 한문(漢文)으로 번역한 『40권 화엄경』도 똑같은 문제를 가지고 있다고 말할 수 있을 것 아니냐고. 뿐만 아니라 범어(梵語)로 된 원전 자체도 역시 마찬가지일 것 아니냐고. 응당 나와야 할 질문이다. 나는 이것을 문자화(文字化)의 한계라고 말하고 싶다. 그래서 당나라 때 불경을 불 지르는 성상 파괴적 사건들이 일어난 것 아닌지도 모르겠다. 그러나 불경을 읽고 또 읽으면 이 점은 스스로 명백해지리라 생각한다. 그러므로 번역은 불경의 메시지가 드러나도록 도와야 하고, 뿐만 아니라 불경의 세계가 그림처럼 현전(現前)하도록 도와주어야 한다.

## 2) 나의 소원

보현행원 사상이 좀 더 널리 보급됐으면 하는 것이 나의 소원이다. 보현사상의 보급이란 좋은 말을 앞세우기보다는 자신부터 보현행을 실천하는 것임에 틀림없다. 우리들이 지금 이렇게 말을 많이 하는 것도 사실은 보현행을 실천한다는 것이 구체적으로 어떤 것인가를 밝히기 위해서이다.

이제 「보현행원품」 제1장 '예경제불원'을 시작하면서 미리 그 결론을 한 마디로 말하라 한다면, 모두에게 '절'을 하자는 것이라고 말하고 싶다. 옛날 내가 어렸을 때는 부모 존경이 대단했다. 출타할 때도 절을 했고 귀가해서도 먼저 부모님께 절을 했다. 그러한 공경스러운 절을 일체 중생에게 하자는 것이 보현사상이 아닌가 생각한다. 왜냐하면 일체 중생이 부처님이기 때문이다.

만약 일체 중생이 부처님이라는 말이 너무 추상적이고 막연하다고 생각하신다면, 똑같은 사상을 좀 더 알아듣기 쉽게 말하는 방법도 있다. 그것은 남은 남이 아니라는 말이다. 이 세상에 중요한 것이 많지만 솔직히 말해서 나 자신보다 더 중요한 것은 없다. 이것이 세상 사람들의 실지 모습이다. 그래서 사람들은 자기 자신을 위해서 불철주야 온갖 애를 쓰면서 살고 있다. 꿈속에서도 자기 자신을 위해 노심초사하는 게 우리들 사람 아닌가. 여기서 보현보살의 말씀이 들려온다. '남들이라고 해서 나와 동떨어져 있는 별개의 존재가 아니라 바로 자신이라는 것'이다. 일체 중생이 '너 자신, 나 자신'이라는 말이다. 그러니 남들이 얼마나 소중한 존재인가.

그렇게 느낄 때 그것이 바로 절을 하는 것이다. 고개만 꾸뻑 수 그리는 것이 절이 아니다. 온 몸을 땅바닥에 내던져 엎드리는 것, 그것도 절이라고 생각하면 안 된다. 남들을 나 자신을 소중히 여기 듯이 그렇게 소중히 여기는 것이 바로 절이다. 아주 멋진 현대판 '인간 존중, 인간 존엄' 사상이다.

# 서(序)



爾時에 普賢菩薩摩訶薩이 稱歎如來勝功德已하시고, 告諸菩薩과 及善財言하사대 善男子야 如來功德은 假使 十方一切諸佛이 經不可說不可說佛刹極微塵數劫하야 相續演說하야도 不可窮盡이니라 若欲成就 此 功德門인댄 應修十種廣大行願이니 何等이 爲十고 一者는 禮敬諸佛이요 二者는 稱讚如來요 三者는 廣修供養이요 四者는 懺悔業障이요 五者는 隨喜功德이요 六者는 請轉法輪이요 七者는 請佛住世요 八者는 常隨佛學이요 九者는 恒順衆生이요 十者는 普皆廻向이니라



그때 보현보살마하살이 부처님의 수승하신 공덕을 찬탄하고 나서 모든 보살과 선재동자에게 말씀하셨다.

"선남자야, 여래의 공덕은 가사 시방에 계시는 일체 모든 부처님께서 불가설불가설[1] 불찰[2] 극미진[3]수 겁[4]을 지내면서 계속하여 말

---

1) 헤아릴 수 없이 많은 수.
2) 부처님이 계시는 국토, 또는 부처님의 교화를 받는 국토. 찰(刹)은 산스크리트 kṣetra의 음사로, 국토를 뜻한다.
3) 더 이상 나눌 수 없는, 지극히 작은 티끌.
4) 산스크리트 kalpa의 음사로, 무한히 긴 시간을 말한다. 이 무한한 시간을 개자겁(芥子劫)·반석겁(盤石劫)으로 비유하는데, 곧 가로·세로·높이가 각각 1유순

씀하시더라도 다 말씀하지 못하느니라. 만약 이러한 공덕문을 성취하고자 하거든 마땅히 열 가지 넓고 큰 행원5)을 닦아야 하나니 열 가지라 함은 무엇인가.

첫째는 모든 부처님께 예배하고 공경하는 것이요, 둘째는 부처님을 찬탄하는 것이요, 셋째는 널리 공양하는 것이요, 넷째는 업장을 참회하는 것이요, 다섯째는 남이 짓는 공덕을 기뻐하는 것이요, 여섯째는 설법하여 주시기를 청하는 것이요, 일곱째는 부처님께 이 세상에 오래 계시기를 청하는 것이요, 여덟째는 항상 부처님을 따라 배우는 것이요, 아홉째는 항상 중생을 수순하는 것이요, 열째는 지은 바 모든 공덕을 널리 회향하는 것이니라."

■ 해설(解說) ─────────────────────────

이 품(chapter)은 어느 날 보현보살이 여러 보살과 선재동자가 모인 자리에서 부처님의 공덕을 찬양하는 것으로 시작된다. 그는 부처님 공덕의 위대하심은 부처님 나라(온 세상)의 극히 미세한 티끌 수만큼 이루 말할 수 없이 많은 겁을 지나도록 계속 연설하여도 다함이 없다고 하면서, 이토록 위대한 부처님 공덕을 성취할 수 있는 방법을 제시한다. 그것이 다음과 같은 열 가지 위대한 행원을 닦는 것이다.

첫째는 예경제불(禮敬諸佛), 부처님께 예경을 드리는 것이요,

둘째는 칭찬여래(稱讚如來), 부처님을 칭찬하는 것이요,

---

(由旬, 약 8km)인 성 안에 가득한 겨자씨를 100년에 한 알씩 집어내어 겨자씨가 다 없어진다 해도 1겁이 끝나지 않는다 하고, 또 가로·세로·높이가 각각 1유순인 큰 반석을 솜털로 짠 베로 100년에 한 번씩 쓸어 반석이 다 닳아 없어진다 해도 1겁이 끝나지 않는다고 한다.
5) 어떤 것을 행하려는 바람. 행동하면서 바라는 소원.

셋째는 광수공양(廣修供養), 널리 공양(남에게 줌)을 닦는 것이요,

넷째는 참회업장(懺悔業障), 업장(잘못)을 참회하는 것이요,

다섯째는 수희공덕(隨喜功德), 남의 공덕을 따라서 기뻐하는 것이요,

여섯째는 청전법륜(請轉法輪), 부처님께 진리의 바퀴를 굴려 주실 것을 청하는 것이요,

일곱째는 청불주세(請佛住世), 부처님께 세상에 머물러 주실 것을 청하는 것이요,

여덟째는 상수불학(常隨佛學), 항상 부처님을 따라 배우는 것이요,

아홉째는 항순중생(恒順衆生), 항상 중생을 수순(따르는)하는 것이요,

열째는 보개회향(普皆廻向), 내가 쌓은 모든 공덕을 다 철저히 다른 이에게 돌려주는 것이다.


「보현행원품」의 주제는 부처님의 공덕을 우리가 갖는 것이다. 부처님의 공덕이란 부처님의 지혜·마음자리·말씀·중생구제행 등 부처님이 이루신 일체의 것을 의미한다. 이러한 공덕을 우리가 갖는다는 것은 우리가 부처님이 되는 것을 의미한다. 이것은 바로 불교의 근본 목적이다. 우리 불자들이 인사할 때 흔히 하는 "성불하십시오"라는 말이 곧 "부처님이 되십시오"라는 말이다. 우리가 일상적으로 흔히 하는 이 말 속에 가장 핵심적인 불교의 정신이 담겨 있다. 그러므로 「보현행원품」의 주제는 다른 말로 하면 '우리가 부처님이 되는 것'이다.

# 예경제불원(禮敬諸佛願)

■ 한역(漢譯)

善財 白言하사대 大聖이시여 云何禮敬이며 乃至 廻向이닛고

普賢菩薩이 告善財言하사대 善男子야 言 禮敬諸佛者는 所有 盡法界虛
空界 十方三世一切佛刹極微塵數 諸佛世尊을 我以普賢行願力故로 起
深信解 如對目前하야 悉以清淨身語意業으로 常修禮敬하되 一一佛所에 皆
現不可說不可說 佛刹極微塵數身하며 一一身으로 遍禮 不可說不可說
佛刹極微塵數佛호대 虛空界盡하면 我禮乃盡이어니와 以虛空界 不可盡故로
我此禮敬도 無有窮盡하야 如是乃至衆生界盡하며 衆生業盡하며 衆生煩惱
盡하면 我禮乃盡이어니와 而衆生界로 乃至煩惱 無有盡故로 我此禮敬도 無
有窮盡하야 念念相續하고 無有間斷하여 身語意業에 無有疲厭이니라

■ 국역(國譯)

선재동자가 사루어 말씀드렸다.

"대성이시여, 어떻게 예배하고 공경하오며, 내지 어떻게 회향하오
리까?"

보현보살이 선재동자에게 말씀하셨다.

"선남자야, 모든 부처님께 예배하고 공경한다는 것은 진법계[1] 허

---

1) 온 법계, 곧 무한히 넓은 세계를 말한다.

공계 시방삼세[2] 일체 불찰 극미진수 모든 부처님을 내가 보현행원의 원력으로 눈앞에 대하듯 깊은 믿음을 내어서 청정한 몸과 말과 뜻을 다하여 항상 예배하고 공경하되 낱낱 몸으로 불가설불가설 불찰 극미진수 부처님께 두루 예배하고 공경하는 것이니, 허공계가 다하면 나의 예배하고 공경하는 것도 다하려니와 허공계가 다할 수 없으므로 나의 예배하고 공경함도 다함이 없느니라.

이와 같이 하여 중생계가 다하고 중생의 업이 다하고 중생의 번뇌가 다하면 나의 예배하고 공경함도 다하려니와, 중생계 내지 중생의 번뇌가 다함이 없으므로 나의 예배하고 공경함도 다함이 없어 생각생각 상속하여 끊임이 없되 몸과 말과 뜻으로 짓는 일에 지치거나 싫어하는 생각이 없느니라."

■ 해설(解說) ─────────────────────────────

## 1. 일체 중생에게 절하라

「보현행원품」 제1장, '예경제불원(禮敬諸佛願)'의 핵심은 '부처님께 절하라'는 것이다. 첫 구절에는 예경의 대상과 예경의 자세에 대해 다음과 같이 말한다.

'모든 법계(法界)와 그것을 둘러싸고 있는 허공계와 시방삼세(十方三世)로 이루어진 모든 부처님 나라의 티끌 수만큼 많은 모든 부처님들을, 나의 이 보현행원의 힘으로 말미암아[我以普賢行願力故], 깊은 마음으로부터 마치 내 눈앞에 대하듯 믿고 확인하여[起深信解如對目前], 철저히 청정한 몸과 말과 뜻으로[悉以淸淨身語意業], 항상 예경을

─────────────────────

2) 시방은 동·서·남·북의 사방(四方)과 동북·동남·서남·서북의 사유(四維)와 상·하, 삼세는 과거·현재·미래, 또는 전생·현생·내생.

닦는다[常修禮敬].'

　나의 예경의 대상은 법당에만 존재하는 부처님이 아니라, 온 세
상에 두루 존재하지 않는 곳이 없는 티끌 수만큼 많은 부처님들이
어야 한다. 예경의 자세에 있어서, 예경의 주체가 되는 힘은 보현보
살이 가졌던, 행동을 필히 수반하는 소원의 힘[行願]이다. 그 힘으
로 말미암아 그러한 부처님들을 마치 내 눈앞에 대하듯이 믿고 확
인해야 한다. ―신해여대목전(信解如對目前)―

## 2. 신해(信解)는 하나

　여기서 신해(信解, 믿음과 앎)는 불교의 믿음의 성격을 드러내는
중요한 의미를 지닌다. 불교의 믿음[信]은 앎[解]으로서 확인되는,
그것도 마치 눈앞에 대하듯[如對目前] 확인되는 믿음이다. 기독교에
서도 이 믿음과 앎의 문제는 중요한 논쟁거리이며, 일반적으로 기
독교의 믿음은 앎과 분리된, 앎에 우선하는 성격을 지니고 있다.

　불교의 믿음은 앎과 떨어질 수 없는 비분리적인 성격을 지니고
있다. 그러나 여기서 주의해야 할 점은 기독교의 신앙에 종속되는
앎과, 불교의 믿음과 비분리적인 앎은 근본적으로 차이가 있는 다
른 성격이다. 이러한 뜻을 이해하면서 우리는 청정한 몸·말·뜻[身語
意]의 삼업(三業)으로 예경을 닦아야 한다. 여기서 삼업(三業)은 우
리의 예경이 총체적이야 함을 나타낸다. 즉, 뜻으로, 말로, 몸으로
행동하는 예경이어야 한다. 또 하나 흥미로운 것은 예경의 수도적
성격이다. '예경을 닦는다[常修禮敬]'가 나타내듯 예경드리는 자체
가 수도인 것이다.

## 3. 예경은 수도이다

그 다음 구절은 예경하는 모습을 설명하고 있다.


'하나하나 부처님 계신 곳곳에 부처님 나라의 티끌 수만큼 이루 말할 수 없이 많은 나의 몸을 나타내어, 그 하나하나의 나의 몸으로 부처님 나라의 티끌 수만큼 이루 말할 수 없이 많은 부처님을 두루두루 돌아다니며 예경한다.'


무한하고 신비롭게 모든 곳에 존재하는 부처님과 같이 나 역시 모든 곳에 미치지 않는 곳이 없이 전재(全在)하는 무한하고 신비로운 존재인 것이다. 예경은 미치지 않는 곳이 없이 확대된 내가 모든 곳곳에 존재하는 부처님께 올리는 무한한 예배인 것이다. 이 구절은 불교의 연기설이 『화엄경』의 '하나가 곧 모든 것(一卽一切)'이며 '모든 것이 하나(一切一卽)'라는 사상으로 나타난 것이다.

또한 여기에서 재미있는 것은 육체의 재해석이 이루어지고 있다는 점이다. 이러한 연기설은 마음의 원리일 뿐 아니라 우리 몸의 원리인 것이다. 이것은 물질에 대한 불교적 재해석의 일환이다.

그 다음 구절은 후렴 구절로서 예경드리는 굳은 결의를 나타내고 있다.


'허공계가 다함이 없는 까닭에 나의 이 예경도 다함이 없다. 이와 같이 지만 중생계 내지 번뇌가 다함이 없는 까닭에 나의 이 예경도 다함이 중생계와 중생의 업과 중생의 번뇌가 다하면, 나의 이 예경도 다하겠없다. 생각생각마다 예경을 끊임없이 해도 몸과 말과 마음으로

짓는 일에 피곤함이 없다.'

이렇게 예경을 닦는 일은 무한히 생각생각마다 끊임없이 이루어져야 하는 것이다. 그리고 '부처님께 절한다'는 말은 곧 '일체 중생에게 절한다'는 말이다. 그러므로 중생에게 절할 줄 모른다면 「보현행원품」을 잘못 읽은 것이다. 누구에겐 절하고 누구에겐 절하지 않는다면, 그 이유가 무엇이든 그러한 절은 「보현행원품」이 가르치는 절이 아니다.

절[禮敬]에 대해서는 나도 할 말이 많다. 앞에서도 말했지만 1950년대에 내가 해남 대흥사에서 출가생활을 할 때 '누구에게나 절하라'고 배웠다. '승속도 가리지 말고 남녀노소, 빈부귀천 모두 가리지 말고 누구에게나 똑같이 공손하게 절하라'는 것이었다. 그런데 1960년대에 들어서 해인사에 들어갔더니 그동안 10년 사이에 절집 사정도 변해 있었다. 신도들이 절을 하면 출가자는 가만히 합장만 하고 있을 뿐, 서로 맞절을 해서는 안 된다고 가르치고 있었다. 출가자가 신도의 절에 맞절을 하면 신도의 복을 더는 결과가 되기 때문이라고 했다. 그러나 나는 그 말을 이해할 수 없었다. 지금 생각해도 그 말은 역시 이해가 가지 않는다. 뭔가 이상하다는 느낌을 떨쳐 버릴 수가 없다. '일체 중생에게 절한다'는 말은 구체적으로 일상생활에서 항상 만나는 여러 사람들에게 절한다는 말이다. 우리는 살면서 별별 사람들을 다 만난다. 반가운 사람도 있고 반갑지 않는 사람도 있다. 존경스러운 사람도 있고 다시는 만나고 싶지 않는 사람도 있을 것이다. 보현행을 서원한 사람에게는 이러한 일상적인 삶이 바로 수도의 현장이다. 그러므로 다시는 만나고 싶지 않은 사람을 만났을 때가 생사의 기로에 서 있는 순간처럼 중

요한 것이다. 이때가 바로 부처님의 길로 가느냐, 아니면 마구니[魔
軍]의 길로 가느냐의 갈림길에 서 있는 것이란 말이다. 그래서 나
는 말하고 싶다. 모든 사람들에게 절하지 않고 예경제불(禮敬諸佛)
을 말하는 것은 무효라고.

'지금 당장, 바로 이 자리에서 만나는 모든 사람들에게 절하라.'
이것이 내가 읽은 「보현행원품」의 가르침이다.

# 칭찬여래원(稱讚如來願)



復次 善男子야 言 稱讚如來者는 所有 盡法界虛空界 十方三世一切刹
土所有極微의 一一塵中에 皆有一切世界極微塵數佛하며 一一佛所에 皆
有菩薩海會圍遶어든 我當悉以甚深勝解와 現前知見으로 各以出過辯才天
女微妙舌根하며 一一舌根에 出 無盡音聲海하고 一一音聲에 出 一切言辭
海하여 稱揚讚歎 一切如來諸功德海하되 窮未來際히 相續不斷하여 盡於法
界에 無不周遍하나니 如是虛空界盡하며 衆生界盡하며 衆生業盡하며 衆生煩
惱盡하면 我讚이 乃盡이어니와 而虛空界와 乃至煩惱 無有盡故로 我此讚歎도
無有窮盡하야 念念相續하고 無有間斷하야 身語意業에 無有疲厭이니라



선남자야, 또한 부처님을 찬탄한다는 것은 진법계 허공계 시방삼
세 일체 세계에 있는 극미진의 그 낱낱 미진 속마다 일체 세계 극미
진수 부처님이 계시고, 낱낱 부처님 계신 곳마다 다 한량없는 보살
들이 들러 계심에 내 마땅히 깊고 깊은 수승한 알음알이의 분명한
지견으로 각각 변재천녀1)의 혀보다 나은 미묘한 혀를 내며, 낱낱 혀
마다 한량없는 음성을 내며, 낱낱 음성마다 한량없는 온갖 말을 내

---

1) 막힘없이 자유자재한 말솜씨를 지녔다는 인도 신화의 여신(女神).

어서 일체 부처님의 한량없는 공덕을 찬탄하여, 미래제가 다하도록 계속하고 끊이지 아니하여 끝없는 법계에 두루하는 것이니라.

이와 같이 하여 허공계가 다하고 중생계가 다하고 중생의 업이 다하고 중생의 번뇌가 다하면 나의 찬탄도 다하려니와, 허공계 내지 중생의 번뇌가 다함이 없으므로 나의 이 찬탄도 다함이 없어 생각 생각 상속하여 끊임이 없되 몸과 말과 뜻으로 짓는 일에 지치거나 싫어하는 생각이 없느니라.


■ 해설(解說) ────────────────────────────

## 1. 남을 칭찬하라

부처님의 공덕을 성취하는 두 번째의 길은 부처님을 칭찬하는 것이다. 우리가 누군가를 진심으로 칭찬하는 것은 그 속에서 칭찬 거리를 발견했기 때문이다. 마찬가지로 부처님을 칭찬한다는 것은 부처님의 위대함을 발견했을 때, 넘쳐흐르는 크나큰 기쁨의 표현이 칭찬인 것이다. 따라서 부처님을 칭찬하는 데 가장 중요한 것은 부처님의 발견, 부처님이 어떤 분인가를 아는 일이다. 이 장(chapter)에서도 '부처님은 이 세상 어디에도 안 계신 곳이 없다'고 묘사하고 있다. 여기서 우리는 이 말이 가진 뜻을 좀 더 구체적으로 살펴보아야겠다. 「보현행원품」은 이를 다음과 같이 나타내고 있다.


'부처님은 이 세상에 수없이 많은 극히 미세한 모든 티끌 하나하나 속에 계십니다. 그러나 한 티끌 속에 한 부처님만 계신 것이 아니라 한 티끌 속에 이 세상의 티끌 수만큼 많은 부처님이 함께 계십니다. 그런데 더욱 놀라운 것은 한 티끌 속에 수많은 부처님 한분 한분이 모두 바다와 같이 수많은 보살들의 모임으로 둘러싸여 있다는 것입니다.'

따라서 일체 삼라만상, 모든 중생이 바로 이 부처님인 것이다. 겉으로는 모순되어 보이고, 싸우고, 미워하고, 가난하고, 찌들고, 병들어 죽어가고, 못나 보이는 뭇 중생이 바로 그 위대한 부처님인 것이다. 또한 부처님이 바다와 같은 보살들의 모임에 둘러싸여 있다고 함은 부처님은 끊임없이 자비행을 실천하고 행동하는 분임을 나타내고 있다. 왜냐하면 보살은 자비행의 실천을 상징하는 불교적 인간상이기 때문이다. 우리는 이러한 부처님을 깊은 이해와 눈앞에 손바닥 보듯이 확인되는 지혜로써 깨달아야 한다.

이렇게 부처님을 깨달았을 때, 당연히 그 기쁨을 표현하지 않을 수 없고 나타내지 않을 수 없다. 그것이 바로 부처님을 칭찬하는 것이다. 그런데 여기서 칭찬이란 단순한 칭찬이 아니다. 칭찬이란 부처님에 대한 깨달음에서 나오는데, 깨달음이란 칭찬하는 주체인 나 역시 이 신비로운 부처님임을 깨닫는 것이다. 따라서 신비로운 부처님인 나에게서 나오는 칭찬 역시 신비롭고 무한한 것이다. 이렇게 신비로운 칭찬의 구조를 다음과 같이 설명하고 있다.

## 2. 변재천녀보다 나은 말솜씨

'인도의 신화에 나오는 말 잘하는 여신의 혀보다도 더 미묘한 혀를 각각 가지고, 그 하나하나의 혀로부터 끝없는 음성의 바다를 내면서, 그 하나하나의 음성으로부터 모든 말씀의 바다를 내면서, 모든 부처님의 바다와 같은 공덕을 찬양한다.'

칭찬이 앞에서 살펴본 부처님과 같이 신비로운 세계를 가지고 있다는 것은, 칭찬하는 나의 세계가 바로 부처님의 세계임을 나타낸다. 이렇게 부처님의 세계에서 나오는 칭찬이기에 그것은 한순간도 멈춤 없이 영원히 계속되며 온 세상에 남김없이 두루두루 미치고 있다.

그러한 칭찬을 후렴구는 '허공계와 중생계와 중생의 업과 중생의 번뇌가 다하면 나의 이 칭찬도 다하겠지만, 그것이 다함이 없는 까닭에 나의 이 칭찬도 다함이 없다. 한 생각생각마다 끊임없이 칭찬하길 멈추지 않아도 몸과 말과 뜻으로 짓는 일에 피곤함이 없다'고 표현하고 있다.

그렇다면 「보현행원품」 제2의 '칭찬여래원(稱讚如來願)'의 핵심도 똑같다고 해야 할 것이다. 다시 말하면 '남을 칭찬하는 것이 곧 부처님을 칭찬하는 것'이다. 언제 어디서나 남을 칭찬하라는 것이다. 나는 지금 이 말을 하면서 양심의 가책을 받는다. 사실 나는 그렇게 살고 있지 못하기 때문이다. 나는 어찌하여 이렇게도 남을 칭찬하는 데 인색한지 모르겠다. 아니, 남을 까닭 없이 칭찬하는 사람을 보면 오히려 구역질이 난다. 내가 실천하지 못하는 것은 둘째요, 남이 이를 실천하는 꼴도 못 보는 사람이 바로 나다. 이러한 자괴(自愧)의 고통을 겪으면서 나는 나름대로 나를 정리할 기회를 가질 수 있었다. 우선 나는 나를 속이지 말아야겠다는 생각이 들었고, 다음으로는 진짜와 가짜의 차이를 분명히 해 두어야겠다는 생각이 들었다. 한 마디로 말해, 「보현행원품」 '칭찬여래원'을 진짜로 실천하는 사람과 가짜로 실천하는 척 하는 사람을 구별해야겠다는 것이다. 그리고 나는 못 했으면 못 했지 가짜 노릇은 결코 하지 말아야겠다는 생각이 들었다.

정말 진짜로 '칭찬여래원'을 실천하면 누가 싫어하랴. 겉모습만 그럴 법하게 꾸미고 자기의 실속을 챙기는 사람들은 어디에나 있다. 민주주의를 등에 업은 다수결 선거제도가 이러한 풍조를 자못 부추기고 있다. 이기는 놈이 정의가 되어 버린 자본주의적 시장경제의 등장으로 경쟁은 불가피하게 되었고, 일단 경쟁이 붙었다 하면 무슨 수를 써서라도 이기는 것이 상책이고 묘책이다.

요즈음 사람들이 남을 칭찬하는 데 매우 인색한 이유는 모든 것이 경쟁 관계로 변해 버렸기 때문이 아닐까. 옛날 대학에 다닐 때 은사이신 박종홍 교수님의 말씀이 생각난다.


'왜 살아있는 사람들과 경쟁하려 하는가? 그 결과는 시비와 반목밖에 없다. 옛날의 성현과 경쟁하라. 율곡 선생은 15세에 천하의 명문『천도책(天道策)』을 지었다는데 나는 뭔가? 경쟁을 하되 이런 식으로 자기를 채찍질하면 남이야 알아주든 말든 공부가 된다.'


나는 선생님의 말씀이 하도 좋아서 혼자서 다짐했다. '그렇다. 나는 원효와 경쟁하고 석가모니와 경쟁하리라'고. 물론 뜻대로 되는 일은 아니었지만 그래도 그런 생각들이 내 사상의 방향을 잡아가는 데 도움을 주었다.

남들 잘되는 것이 곧 내 잘되는 것이라면 왜 칭찬을 아끼겠는가. 남들 잘되는 것은 곧 내 못되는 것이 되어 버린 경쟁 관계가 세상 인심을 이렇게 고약하게 만든 것 아닌가 하는 생각을 해 본다. 어렸을 적에 들은 이야기지만, '자네 동생이 자네보다 낫네' 하면 좋아할 형 없고, '자네 자식이 자네보다 낫네' 하면 좋아하지 않는 부모가 없다고 한다. 형제간이 아무리 가깝다 해도 역시 경쟁 관계를 면할 수 없지만, 부모는 자식을 자기와 똑같이 생각하기 때문에 자식 잘되는 것은 말만 들어도 반갑다는 것이다.

이제 우리 보현행자들은 형제간에도 잘 안 되는 칭찬을 생판 모르는 남들, 또는 이해관계가 다른 남들을 위해 아낌없이 해야 한다. 이것을 지고 가야 할 짐으로 생각하면 이 세상에 이보다 더 무거운 짐이 없겠지만 불자(佛子)인 이상, 아니 사람인 이상, 그렇게 하지 않고는 못 배기는 까닭을 알면 그렇게 하지 않는 것이 오히려 더 고통스러울지도 모른다. 그러면 보현보살은 부처님 칭찬을 어떻게 했는지 「보현행원품」을 통해 다시 알아보자.

## 【 칭찬여래원 】

[I]
선남자야,
또한 부처님을 찬탄한다는 것은
진법계 허공계 시방삼세 일체 세계에 있는
극미진의 그 낱낱 미진 속마다
일체 세계 극미진수 부처님이 계시고
낱낱 부처님 계신 곳마다
한량없는 보살들이 둘러 계심에

[II]
내 마땅히 깊고 깊은 수승한 깨침과 현전한 지견으로
각각 변재천녀의 혀보다 나은 미묘한 혀를 내며
낱낱 혀마다 한량없는 음성을 내며
낱낱 음성마다 한량없는 온갖 말을 내어서
일체 부처님의 한량없는 공덕을 찬탄하여

미래세가 다하도록 계속하고 끊이지 아니하여
끝없는 법계에 두루하는 것이니라.

[III]
이와 같이 하여
허공계가 다하고 중생계가 다하고
중생의 업이 다하고 중생의 번뇌가 다하면
나의 찬탄도 다하려니와
허공계 내지 중생의 번뇌가 다함이 없으므로
나의 이 찬탄도 다함이 없어
생각생각 상속하여 끊임이 없되
몸과 말과 뜻으로 짓는 일에
지치거나 싫어하는 생각이 없느니라.
(1989년 불광출판부, 광덕스님, 「보현행원품 강의」 30쪽. 몇 곳에 필자의 의견을 넣었다.)

다음은 반야삼장의 한역 가운데 해당 부분이다. 앞으로 뜻을 따지기 위해 원문을 그대로 적는다.

[I]
復次 善男子
言 稱讚如來者
所有 盡法界 虛空界
十方三世 一切刹土 所有極微
一一塵中 皆有一切世界 極微塵數佛

一一佛所　皆有菩薩海會圍遶


[II]

我當悉以　甚深勝解　現前知見

各以出過　辯才天女　微妙舌根

一一舌根　出無盡音聲海

一一音聲　出一切言辭海

稱揚讚歎　一切如來　諸功德海

窮未來際　相續不斷

盡於法界　無不周遍


[III]

如是　虛空界盡　衆生界盡　衆生業盡　衆生煩惱盡　我讚乃盡

而虛空界　乃至煩惱　無有盡故

我此讚歎　身語意業　無有疲厭

(대정신수대장경　제10권　844쪽　아래　칸)


'칭찬여래원'은 세 단으로 나눌 수 있다. 첫째 단은 부처님 세계요, 둘째 단은 부처님 칭찬이며, 셋째 단은 다짐이다.

첫째의 부처님 세계란 엄격히 말해서 보현보살님이 보신 부처님의 세계다. 그러므로 이것은 내가 어찌할 수 없는 보현보살의 경지이다.

마찬가지로 둘째 단의 부처님 칭찬도 보현보살의 부처님 칭찬이며, 셋째 단의 다짐 역시 보현보살의 다짐이다. 그러므로 보현행을 실천하려는 사람은 여기서 어려움을 겪는다. 보현보살의 경지와 나의 경지 사이에 가로 놓여 있는 엄청난 간격과 차이 때문이다. 그러나 많은 사람들이 이 엄청난 차이를 간과한다. 그리하여 자기가 이미 보현의 경지에 이른 것처럼 고개를 끄덕거리면서 미소 짓는다. 나는 이것을 착각이요, 좀 더 심하게 말하면 사기 친다고 생각한다. 이러한 착각과 사기를 떨쳐 버리지 못하면 10년 공부 도로 아미타불이다. 그러면 어떻게 해야 하는가? 길은 있다.

첫째 단을 믿음의 장으로 보면 된다. 믿음이란 묘한 것이어서 부처님의 경지와 보현보살의 경지와 나의 경지가 하나 됨을 맛보게 해 준다.

그리고 둘째 단은 깨침의 장으로 보면 된다. 믿음이 진정한 믿음이 되면 사람을 바꾼다. 종래의 못된 자기는 죽고 새 사람이 탄생한다. 그때 자기는 부처님이요, 보현보살이다.

마지막으로 셋째 단은 부처님이 중생 노릇하는 대목이다. 부처님이 중생 노릇을 할 때, 중생은 감격하고 순간이 영원으로 되고 영원이 순간으로 된다. 「보현행원품」의 생명이 긴 까닭이 여기에 있다.

우리들이 부처님을 칭찬하려 할 때, 먼저 문제가 되는 곳은 둘째 단이다. '아당실이 심심승해 현전지견(我當悉以 甚深勝解 現前知見 : 내 마땅히 깊고 깊은 수승한 깨침과 현전한 지견으로)'이라는 말로 시작하여 '진어법계 무불주변(盡於法界 無不周遍 : 끝없는 법계에 두루 하는 것이니라)'이라는 말로 끝나는 둘째 단은 '칭찬여래원'의 핵심이라 말해도 좋을 것이다. 누가 만일 이 둘째 단 가운데 어떤 말이 가장 중요하냐고 묻는다면, 그거야 말할 것도 없이 '찬탄 일체여래(讚歎 一切如來 : 모든 부처님의 공덕을 칭찬한다)'라고 대답할 것이다. 그러나 이 말은 그 앞에 나오는 말과 그 뒤에 따라

오는 말과 함께 읽어야 비로소 그 뜻이 드러난다. 그 앞의 말이란 변재천녀의 혀보다 더 훌륭한 혀를 가지고 부처님을 칭찬한다는 말이요, 그 뒤에 따라오는 말이란 나의 부처님 칭찬이 온 세상에 가득 찰 때까지 영원히 상속하여 그치지 않는다는 말이다. 여기에 변재천녀를 끌어들인 것은 자기의 칭찬 능력의 극치를 드러내기 위함이요, 자기의 부처님 칭찬이 온 세상에 가득 차서 미치지 않음이 없다는 말은 칭찬을 하다 말다 하지 않고 쉴 사이 없이 정진함을 드러내기 위함이다. 앞의 말도 뒤의 말도 모두 보통 사람으로서는 감히 엄두도 못 낼 이야기들이다. 그러나 「보현행원품」의 묘미는 이 엄두도 못 낼 일을 한번 해보겠다고 덤벼드는 데에 있다.

변재천녀란 인도신화에 나오는 말 잘하는 하늘나라 사람이다. 우리들이 아무리 말을 잘 하기로 변재천녀보다 말을 잘 할 수는 없다. 「보현행원품」은 우리들에게 보통 사람의 상식으로는 도저히 엄두도 못 낼 일을 한번 해 보라고 도전적인 제의를 하는 것이다. 우리는 이 도전을 어떻게 받아들여야 하는가. 사람들은 흔히 이 대목을 가볍게 처리해 버린다. 예를 들면 이것은 불교문학의 한 특징인 과장법이라고 말하면서 슬쩍 지나가 버리는 것이다. 이러한 해설은 문제의 핵심을 제대로 못 보았거나 아니면 골치가 아프니까 문제를 피해 가는 것이라고 생각한다. 한강 물이 많지만 자기가 가지고 간 그릇의 크기 이상으로 떠올 수 없듯이, 보현의 세계는 끝이 없지만 자기의 눈높이 이상은 못 보는 것이다. 땅위의 사람이든 하늘의 천녀이든, 그 재주에 아무리 큰 차이가 있다 할지라도 부처님의 경지에서는 모두가 도토리 키 재기에 불과하다. 그러므로 내가 보기엔 「보현행원품」은 과장법을 쓰고 있는 것이 아니라 중생의 잘못된 사고의 틀을 깨기 위한 일종의 충격요법을 쓰고 있는 것 같다. 동서

고금을 막론하고 종교의 세계에는 불가능이 가능으로 나타나는 경우가 흔하다. 변재천녀보다 더 훌륭한 말재주를 부려 보려고 아무리 애를 써 보라. 그게 가능한가. 애를 쓰면 쓸수록 자기의 무능함만을 실감하고 마침내는 실의와 허탈로 무서운 회의에 빠지고 말 것이다. 바로 그때, 수행자는 수령에서 변재천녀의 비유가 가리키는 '달'을 볼 것이다. 달이란 다름 아닌 '여래의 공덕'이다. 여래를 칭찬하는 일은 나의 공덕이 아닌 여래의 공덕으로 가능하다는 것이다. 이것은 여래의 공덕을 한번 칭찬해 보려고 덤벼든 사람만이 맛볼 수 있다. 이때 보현행자는 무한히 겸손해지면서 여래의 일을 하는 것이다. 그렇다면 변재천녀의 말재주 정도는 문제도 안 된다. 그녀의 말재주가 아무리 훌륭해도 어찌 여래의 말재주를 당할 수 있을 것인가. 시간이 다하고 공간이 다하도록 계속 칭찬하는 것도 여래의 공덕으로 비로소 가능하다. 여래는 시간 자체이고 공간 자체이니 '쉼이 없다'든지 또는 '미치지 않음이 없다'는 말들이 오히려어린이 장난감처럼 유치하고 왜소해 보일 것이다. 그러나 이것도자기 힘으로 여래를 칭찬해 보려고 애썼기 때문에 비로소 알게 된다.

『법화경』에 나오는 방편사상을 상기해 보자. 삼승의 경지가 아무리 훌륭해도 그것으로 일승의 세계를 짐작할 수는 없다. 그럼에도불구하고 삼승이 아니었더라면 일승을 짐작 못할 사람들이 있다.여기서도 마찬가지다. 자기 힘으로 여래를 칭찬해 보려고 애써 보지 않은 사람은 여래의 공덕으로 자기가 여래를 칭찬할 수 있다는것을 알 수 없다. 이것이 부처님의 수의방편(隨宜方便)이다. 여래의공덕을 칭찬하려고 가진 애를 다 쓰다가 자기가 가지고 있는 생각의 틀이 깨지면서 '자기는 안 되지만 여래는 된다'는 것을 깨닫게 되어 마침내 여래는 항상 나와 함께 있음을 실천적으로 알게 되는 것이다. 여래가 항상 나와 함께 있음을 주체적으로 '나는 여래'라고 말하는 것이 아닐까.

## 3. 현전지견(現前知見)은 부처님 지견이다

'칭찬여래원'의 둘째 단에 현전지견(現前知見)이라는 말이 나온다. 어찌된 일인지 종래의 번역가들은 이 대목을 소홀히 다룬 것 같다. 마치 예경제불원의 '여대목전(如對目前)'을 소홀히 다룬 것과 비슷한 현상이라고나 할까. 그러면 이 문제를 좀 더 철저히 다루어 보자. 먼저 반야삼장의 한문 번역을 보자.

我當悉以 甚深勝解 現前知見(아당실이 심심승해 현전지견)

여기에 나오는 '알 해(解)'라는 글자나 그 다음의 '지견(知見 : 알음알이)'이라는 말은 한국의 조계종 선사(禪師)들이 오랫동안 금기(禁忌)해 왔던 말이다. 그래서 그런지 조계종의 선사가 아닌 사람들은 금기의 속사정을 밝혀주지 않는 채, 무조건 금기의 벽만을 허무는 번역을 해왔던 것 같다.

이 문제를 두고 학자들은 앞으로 좀 더 고생을 해야 할 것 같다. 가장 먼저 나온 운허스님의 번역을 보면 '내가 마땅히 깊고 훌륭한 알음알이로 앞에 나타나듯 알아보(知見)며'라고 되어 있다. 운허스님은 '지견(知見)'을 타동사로 보았고, 그 목적어는 첫째 단의 부처님 세계로 보았다. 문법에 얽매이지 않는 한, 대체로 무난한 번역이라 할 수 있을 것이다.

　그러나 '현전지견'의 해석에 불이론(不二論)적인 섬광이 비쳤더라면 하는 아쉬움이 남는다. 바로 현전과 지견은 서로 떨어질 수 없는 불이(不二)의 관계이다. 현전이 지견이고 지견이 현전이다. 현전이 아닌 지견은 『화엄경』의 지견이 아니다. 그러므로 현전과 지견은 한 갈래 한 문자로 보아야 한다. 현전을 형용사로 보려면 그것을 '여대목전'의 경우처럼 비유로 보지 말고 글자 그대로 현전한 지견으로 번역하는 것이 좋다. 불경에 나오는 '현전(現前)'이라는 말은 참으로 좋은 말이다. '불을 보듯 뻔하다[明若觀火]'는 표현과 비슷하지만 그보다는 훨씬 더 군더더기의 개입을 불허하는 날카로운 직관이 번득인다.

　한 마디로 체험 자체의 뛰쳐나옴 같다. 전자에는 인식론적인 냄새가 나지만 여기서는 사실 체험이라는 말로도 그 본래 의미가 다 드러나지 않는다. 다시 말하면 부처님을 보는 것이 아니고 부처님이 되는 것이다. 그것은 아는 것이 아니고 되는 것이다. 우리는 '보는 것'과 '되는 것'의 차이, 또는 '아는 것'과 '되는 것'의 차이를 소홀히 보아 넘겨서는 안 된다. 이러한 엄청난 차이를 무시한다면 『화엄경』을 잘못 읽은 것이라고 평해도 결코 혹평은 아닐 것이다.

　꿈에 오래 전에 돌아가신 부모님을 뵈었다고 치자. 깨고 나서 감격한 나머지 지금도 부모님이 마치 내 옆에 계신 듯하다고 말하면 절실하기로야 이보다 더 절실할 수가 없겠지만 그런 것은 『화엄경』의 현전(現前)이 아니다. 현전은 남의 이야기가 아니라 자기의 이야기다. 한 마디로 현전은 곧 성불(成佛)이다.

## 4. 좋은 말들이 없어져 가고 있다

'칭찬여래원'의 현전지견(現前知見)에 대한 다른 번역들을 좀 더 살펴보면, 광덕스님은 이를 '내 마땅히 깊고 깊은 수승한 알음알이의 분명한 지견으로'라고 번역했으며(광덕 지음,『보현행원품 강의』, 30쪽. 불광출판부, 1989년), 법성스님은 '나는 마땅히 깊고 뛰어난 지혜와 눈앞의 것을 보듯 하는 밝은 앎으로'라고 번역했다(법성 연의,『화엄경 보현행원품』, 97쪽. 큰수레, 1992년).

왜 '현전(現前)'을 '앞에 나타나듯'이라든가 '분명한'이란 말로 바꾸는지 모르겠다. 불경엔 좋은 말들이 많은데 현대어로 바꾸는 과정에서 사라져 버린 말들이 많다. 예를 들면『기신론(起信論)』에서 물과 물결의 관계를 가지고 진여의 세계와 생멸의 세계가 둘이 아님을 설명하는 대목이 나오는데, 원효는 이때 거체(擧體)라는 말을 가지고 물결 하나하나가 그대로 온통 물임을 깨닫게 하도록 애썼다.

그런데 오늘날의 번역가들은 '거체'라는 말을 전체(全體)라는 말로 바꾸었다(은정희 역주,『원효의 대승기신론소 별기』, 104쪽. 일지사, 1991년). 거체와 전체 사이의 커다란 차이를 못 본 것이 아닌지 모르겠다. 전체라는 말은 개체라는 말에 맞서는 말이다. 여기서 풍기는 뉘앙스는 인식론적이다. 개체가 아니면 전체요, 전체가 아니면 개체라는 이원적인 구조가 전제되어 있다.

『기신론』의 불이(不二)사상은 바로 이러한 사고의 틀을 깨는 데에 본래의 사명이 있다. 다시 말하면 개체가 전체를 떠나서 없고, 전체 또한 개체를 떠나서 없다는 말을 하고 싶은 것이다. 그러나 오늘날 이런 말을 모르는 사람이 없건만 행동은 이런 말을 전혀 모르는 사람과 하나도 다를 바 없으니 이 웬일일까? 사람의 의식 깊숙이 굳어 있는 사고의 틀이 깨지지 않기 때문이다. 그래서 불교는 사람의 말보다는 사람의 행동을 문제 삼는다. 말 같은 건 아무리 잘 해도 믿지 않는다. 원효가 즐겨 썼던 거체(擧體)라는 말은 그 속에 운동이 들어 있고 행동이 들어 있는 말이다. 오늘날의 전체(全體)라는 말에는 운동도 행동도 실천도 모두 빠져있는 평면적인 말이다. 오늘날 우리들이 쓰는 말 가운데 그래도 원효의 거체라는 말에 가장 가까운 말은 '온 몸으로 뛴다'고 말할 때의 '온 몸으로'라는 말인 것 같다. '온 몸으로'라는 말에는 살아 움직이는 생명의 약동이 물결치는 운동감이 풍기지 않는가. 도대체 왜 이렇게 좋은 말들이 없어져 가고 있는가?

일설에 의하면 20세기를 전후하여 일본 사람들이 서양문화를 받아들일 때 서양말을 번역하면서 서양말에 없는 우리들의 고유 언어들이 많이 사라졌다고 한다. '현전'이나 '거체'나 모두 그때에 희생당한 말들일지도 모른다. 아무튼 지금 내 주장은 번역할 때 적당한 말이 없으면 원어를 그대로 쓰라는 것이다. 적당한 말이 없다는 이유로 딴 말로 바꾸어 뜻이 변질되어 버리면 마침내는 후학을 왜곡의 길로 빠지게 하는 것이니, 이것은 일종의 지적 죄악이라고 말하지 않을 수 없다.

## 5. 심심승해(甚深勝解)

심심승해(甚深勝解)라는 말을 어떻게 이해해야 옳은가? 마지막에 '알 해(解)'자가 들어있다 하여 이를 격하하여 화엄사상을 서양의 인식론으로 변질시키는 오류는 범하지 말아야 한다. 그래서 나는 여기 나오는 해(解)를 대담하게 '깨침'이라 번역했다. 오(悟)를 해오(解悟)와 증오(證悟)의 둘로 나누어 '해오'는 깨침이 아니니 이를 알음알이로 번역하는 사람들이 가끔 있다. 이것은 잘못이다. 화엄 사상을 선사들의 수증론(修證論) 속으로 모두 해체시키는 것 또한 적지 않은 잘못이기 때문이다. 만일 「보현행원품」 '칭찬여래원'의 해(解)를 깨침이 아닌 알음알이로 풀면 화엄의 경지는 온통 뒤죽박죽이 되고 말 것이다. 내가 읽은 「보현행원품」은 처음부터 끝까지 철두철미하게 부처님께서 일체 중생과 함께 이 세상을 사는 모습을 잘 말해 주고 있는 것 같다.

## 6. 칭찬과 비판

또 일체 중생에게 절하고 일체 중생을 칭찬하려 할 때 항상 제기되는 문제가 있다. 어떻게 하면 그렇게 할 수 있는지 그 방법론을 제시하라는 것이다. 이러한 질문 앞에 '이렇게 하면 된다!'고 시원스럽게 대답할 수 있으면 오죽 좋으련만 나에겐 그러한 능력이 없다. 내 주변엔 훌륭한 분들이 많다. 그리고 그분들 가운데 대답을 시원스럽게 하는 사람도 없진 않다. 예를 들면 '일체가 마음'이라는 한 마디로 문제를 풀고 나가는 사람도 있고, '네 힘으로는 안 된다'고 하면서 종래의 여러 가지 기도법을 제시하는 사람도 있다.

그 결과 안심입명(安心立命)의 경지에 들어간 듯, 유유자적하는 사람들도 있는 것 같다. 그러나 불행히도 그 가운데는 뭔가 착각 속에서 살고 있는 것 같은 혐의를 주는 사람도 없지 않다. 정말 문제는 여기서부터 생긴다. 착각은 가장 비불교적인 현상이다.

깨침의 정반대 말이 착각이다. 사람이 한번 착각에 빠지면 사실을 사실대로 볼 줄 모른다. 좋은 사람과 못된 사람을 구별할 줄도 모른 채, "나는 일체 중생을 부처님으로 모신다"고 큰소리로 말한다. 깊은 산 속 어느 뒷방에서 이런 소리를 하고 있을 땐, 이런 말이 될 수도 있지만 구체적인 현실에서 이런 소리를 하면 많은 문제가 생긴다. 진정 일체 중생을 부처님으로 모시는 사람이라면 히틀러의 추종자들 앞에서는 '이 천벌을 맞아 죽을 놈들, 너희들은 기어코 무간지옥에 빠져 죽을 것이다'고 불호령을 내려야 한다. 히틀러 같은 놈들을 칭찬하고 앉아 있을 때, 그 결과가 어떻게 나타날 것인지를 모르는 사람은 이미 사람이 아니다.

겉만 사람 꼴을 갖추고 있을 뿐 실지는 사람 노릇을 못하고 있는 사람을 보고 우리는 보현행을 하고 있다고 말해서는 안 된다. 여기서 우리는 '칭찬여래원'과 비판의식과의 관계를 논하지 않을 수 없다.

과연 '칭찬여래원'을 실천하는 사람은 남을 비판해서는 안 되는가? 나의 답변은 그렇지 않다는 것이다. 여래를 칭찬하기 때문에 여래답지 않을 때는 못 견딘다는 것이다. 칭찬과 비판이 상극인 경우와 칭찬이 비판이고 비판이 칭찬인 경우는 구별해야 한다. 전자는 몸짓의 경우이고 후자는 몸의 경우이다. 독사가 덤벼 들 때 독사를 치지 않는 사람을 성자라 부르는 시대는 가야 한다. 불살계(不殺戒) 운운하는 몸짓의 글귀에 얽매여 독사에 물려 죽는 사람은 없다. 만에 하나라도 그런 사람이 있다면 그 사람은 몸이 몸 노릇을 못하고 있는 병든 사람일 것이다. 착각이 몸으로 하여금 몸 노릇을 못하게 한다.

하나님이 성낸다는 말을 듣고 나는 웃었다. 하나님이 성을 내다니, 그럴 리가 없지. 성냄은 우리 같은 범부들이나 하는 짓이지 하나님은 그럴 리가 없다고 생각했다. 그러나 신학교에서 Wrath of God이라는 말을 배우고 나서 동양에도 이 비슷한 사상이 있음을 알았다. 예를 들면 누가 나쁜 짓을 하면 사람들은 "하늘이 무섭지

않느냐"고 묻는다. 똑같은 사상이다. 하나는 유일신 사상이라 소름
이 끼치지만, 하나는 농경민 사상이라 양심에 호소하는 듯한 뉘앙
스가 다를 뿐이다.

# 광수공양원(廣修供養願)



■ 한역(漢譯)

復次 善男子야 言 廣修供養者는 所有盡法界 虛空界 十方三世一切 佛刹極微塵中에 一一各有 一切世界極微塵數佛하며 一一佛所에 種種菩薩海會로 圍遶어든 我以普賢行願力故로 起深信現前知見하야 悉以上妙諸 供養具로 而爲供養호대 所謂 華雲이며 鬘雲이며 天音樂雲이며 天傘蓋雲이며 天衣服雲이며 天種種香인 塗香이며 燒香이며 末香이니 如是等雲이 一一量如 須彌山王하며 然 種種燈호대 酥燈이며 油燈이며 諸香油燈이 一一燈炷 如須 彌山하며 一一燈油如大海水하야 以如是等 諸供養具로 常爲供養이니라

善男子야 諸供養中 法供養이 最이니 所謂如說修行供養이며 利益衆生 供養이며 攝受衆生供養이며 代衆生苦供養이며 勤修善根供養이며 不捨菩 薩業供養이며 不離菩提心供養이니라 善男子야 如前供養無量功德을 比法 供養一念功德컨댄 百分不及一이며 千分 不及一이며 百千俱胝那由他分과 迦羅分과 算分 數分과 喩分 優波尼沙陀分에도 亦不及一이니 何以故오 以 諸如來尊重法故며 以如說行이 出生諸佛故며 若諸菩薩이 行法供養하면 則得成就供養如來니 如是修行이 是 眞供養故니라

此 廣大最勝供養을 虛空界盡하며 衆生界盡하며 衆生業盡하며 衆生煩惱 盡하면 我供이 乃盡이어니와 而虛空界와 乃至 煩惱不可盡故로 我此供養도 亦 無有盡하야 念念相續하고 無有間斷하야 身語意業에 無有疲厭이니라

선남자야, 또한 널리 공양한다는 것은 진법계 허공계 시방삼세 일체 불찰 극미진마다 각각 일체 세계 극미진수의 부처님이 계시고 낱낱 부처님 계신 곳마다 한량없는 보살들이 둘러 계심에 내가 보현행원의 원력으로 깊고 깊은 믿음과 분명한 지견을 일으켜 여러 가지 으뜸가는 묘한 공양구1)로 공양하되 이른바 화운이며 만운이며 천음악운이며 천산개운이며 천의복운2)이며, 가지가지 하늘의 향인 도향이며 소향이며 말향3)이며, 이와 같은 많은 공양구가 각각 수미산만 하여, 또한 여러 가지 등을 켜되 소등4)이며 유등이며 여러 가지 향유 등이며, 이와 같은 등의 낱낱 심지는 수미산 같고 기름은 큰 바닷물 같으니 이러한 여러 가지 공양구로 항상 공양하는 것이니라.

선남자야, 모든 공양 가운데는 법공양이 가장 으뜸이 되나니 이른바 부처님 말씀대로 수행하는 공양이며, 중생들을 이롭게 하는 공양이며, 중생을 섭수하는 공양이며, 중생의 고를 대신 받는 공양이며, 선근5)을 부지런히 닦는 공양이며, 보살업을 버리지 않는 공양이며, 보리심을 여의지 않는 공양이니라.

선남자야, 앞에 말한 많은 공양으로 얻은 공덕을 일념동안 닦는 법공양 공덕에 비한다면 백분의 일도 되지 못하며, 천분의 일도 되지 못하며, 백천구지나유타분과 가라분과 산분과 수분과 비유분과 우파니사타분6)의 일도 또한 되지 못하느니라. 무슨 까닭인가? 모든

---

1) 부처님께 바치는 음식물·향·꽃 등의 물건.
2) 화(華)·만(鬘)·천음악(天音樂)·천산개(天傘蓋)·천의복(天衣服)이 '한량없이 많음'을 구름에 비유한 말이다.
3) 도향(塗香)은 향기 나는 나무를 분말로 하여 그것을 물에 타서 몸에 바르는 향, 소향(燒香)은 피우는 향, 말향(末香)은 향기 나는 나무를 부순 가루 향으로, 주로 도량이나 탑 등에 뿌리는 데 사용한다.
4) 소등(酥燈). 우유를 가공한 액체에 향기 나는 기름을 넣어 태우는 등.
5) 온갖 선(善)을 낳는 근본. 좋은 과보를 받을 착한 행위.

부처님께서는 법을 존중히 하시는 까닭이며, 말씀대로 행하면 많은 부처님이 출생하시는 까닭이며, 또한 보살들이 법공양을 행하면 곧 여래께 공양하기를 성취하나니, 이러한 수행이 참된 공양이 되는 까닭이니라.

이 넓고 크고 가장 수승한 공양은 허공계가 다하고 중생계가 다하고 중생의 업이 다하고 중생의 번뇌가 다하면 나의 공양도 다하려니와, 허공계와 내지 중생의 번뇌가 다함이 없으므로 나의 이 공양도 다함이 없어 생각생각 상속하여 끊임이 없되 몸과 말과 뜻으로 짓는 일에 지치거나 싫어하는 생각이 없느니라.

▌해설(解說) ──────────────────────────────

## 1. 서원이 원동력

부처님이 되는 세 번째 길은 널리 공양을 닦는다는 '광수공양(廣修供養)'을 실천하는 것이다. '공양(供養)'은 불교의 아주 중요한 사상 중 하나로 '남에게 무언가를 바쳐서 자라게 혹은 잘되게 한다'는 의미를 지니고 있다. 그렇게 남을 위해 공양할 때 바로 우리 자신이 성장하는 것이다. 따라서 공양하는 것이 바로 수도하는 것이 된다. 이러한 사상을 나타내어 '널리 공양을 닦는다'고 표현하였다. 여기서 '널리'는 우리의 공양의 대상이 단순히 내 가족, 내 친구, 우리 불교인 등등에 제한된 것이 아니라 일체 삼라만상의 뭇 중생이어야 함을 의미한다.

그러면 이렇게 일체 중생에게 무한한 공양을 드릴 때 그 힘이 어

---

6) 구지나유타분(俱胝那由他分)은 지극히 많은 분량, 가라분(迦羅分)·산분(算分)·수분(數分)·유분(喩分)·우파니사타분(優波尼沙陀分) 등은 지극히 적은 분량 이름이다.

디서 나오는 것일까? 누구든지 어려운 일을 할 때는 그것을 가능하게 하는 원동력이 있다. 특히 종교의 세계에서는 더욱 그렇다. 왜냐하면 종교의 세계는 유한을 뛰어넘은 무한을 그 목표로 하고 있기 때문이다. 각 종교는 저마다 그 원동력을 말하고 있다. 기독교에서는 '신(神)'이 신앙의 원동력이라고 말한다. 불교에서는 종파에 따라 주장이 다르지만, 염불종에서는 그 원동력을 타력적으로 아미타불에서 찾는 데 비해 선종에서는 자기 스스로가 그 원동력이라고 한다. 이 「보현행원품」에서는 그 원동력은 보현보살이 행동으로 성취하겠다고 맹세한 서원을 자신이 가질 때 발생한다고 한다.

서원(誓願)은 쉬운 말로 강력한 의지라고 할 수 있다. 우리가 무엇을 원하여 기필코 그것을 이루려고 할 때 그러한 마음을 의지라고 한다. 이때 무엇을 원하는가는 각자의 가치관에 의해 결정된다. 어떤 이는 돈을 위해 돈을 벌기로, 또 어떤 이는 권력을 위해 권력을 얻기로 작정할 것이다. 그러나 보현보살은 부처님을 무엇보다도 가장 소중히 여겨 부처님이 되기를 맹세하고 행동으로 그것을 실천하겠다고 했다. 이러한 서원은 보현보살에 의해 실천되었으며, 그 이전에는 석가모니불에 의해 실천되어 불교의 전통 속에 내려오고 있다. 그러나 보현행원이 보현보살과 부처님에 의해 실천되어 전통 속에 내려온다고만 해서 그것이 저절로 원동력이 될 수는 없을 것이다. 이러한 보현보살의 서원을 내가 받아들여 실천하겠다고 맹세할 때, 비로소 그 서원은 내 속에서 원동력으로 작용하게 된다. 즉, 내가 보현행원을 실천하겠다고 소원하여 의지로 밀고 나갈 때 그 서원은 힘을 발휘한다는 말이다.

이러한 서원은 우리들 마음속에 깊은 믿음을 일으킨다. 여기서 우리는 '무엇을 믿는가?' 하는 믿음의 대상을 분명히 밝혀야겠다. 「보현행원품」은 그 믿음의 대상을 부처님이라고 하며 그 부처님을 다음과 같이 설명하고 있다.

　'부처님은 이 세상에 수없이 많은 아주 미세한 티끌 하나하나 속에 다 계십니다. 그러나 한 티끌 속에 한 부처님만 계신 것이 아니라 이 세상의 티끌 수만큼 많은 부처님이 함께 계십니다. 그런데 더욱 놀라운 것은 한 티끌 속에 수많은 부처님 한분 한분이 모두 바다와 같이 수많은 보살들의 모임으로 둘러싸여 있는 것입니다.'

우선 우리는 이 구절 속에서 믿음의 대상인 부처님에 대한 부처님관[佛陀觀]을 확립해야 한다. 부처님이 이 세상 모든 티끌 하나하나 속에 계시는 분이라는 말은, 이 세상의 모든 중생이 바로 부처님이라는 뜻이다. 부처님은 2,500년 전에 돌아가신 석가모니불 한분만이 아니고, 법당 안에만 계시는 분이 아니라 가장 미천한 것, 더러운 것, 못난 것 속에, 즉 일체 중생 속에 존재하는 분임을 알아야 하겠다. 아니, 그 온갖 것이 바로 부처님임을 알아야 한다. 또한 동시에 내 속에 존재하시어 나의 피톨 하나하나, 세포 하나하나에 살아서 움직이는 부처님을 자각해야 한다.

둘째, 이렇게 일체 중생인 부처님이 연기(緣起)의 구조 속에 존재함을 알아야 한다. 연기 속에서 모든 것은 상호 연관되어 있다. 겉으로는 나와 남이, 나와 사회가, 나와 우주가 분리되어 있는 것 같지만 실제로 일체 삼라만상은 상호 완벽하게 잘 연결되어 있다. 더구나 단순히 연결되어 있는 것이 아니라 가장 작은 내 세포 하나하나에 온갖 우주의 부처님이 함께 들어오는 구조로 연결되어 있다. 따라서 나는 곧 남이고 사회이며 일체 우주다.

또한 연기는 끊임없는 변화의 원리이다. 하나하나의 티끌 속에
이 세상의 티끌 수만큼 많은 부처님이 동시에 존재할 때, 그 가장
작은 티끌은 고정불변의 그 어떤 것이 아니다. 그 가장 작은 것은
깨어져 폭발하여 무한한 것을 포용하는 역동적인 것이다. 그런데
그 작은 것 속에 포섭된 무한한 부처님들, 그 한분 한분이 다시 무
한한 보살들의 모임에 둘러 싸여 있다. 보살은 행동하는 존재다. 따
라서 이 말은 그 한분 한분 부처님 역시 다시 깨어져 행동하는 역
동적인 존재임을 나타내고 있다. 그러므로 만물은 끊임없이 무한히
변하는 존재이다.

## 2. 믿음과 이해의 관계

또 하나, 믿음에서 간과해서는 안 될 것은 믿음과 이해의 관계이
다. 기독교에서 믿음은 신(神)적인 무한한 것에 대응하는 데 반해,
지식은 인간적이고 하잘 것 없는 것에 대응한다. 따라서 기독교의
믿음과 과학적인 지식은 대립되는 관계에 있게 된다. 그러나 불교
에서는 믿음과 이해는 상호보완적이다.

즉, 깊은 믿음으로 말미암아 이해가 깊어지며, 또한 깊은 이해는
다시 믿음을 굳건하게 한다. 구체적으로 말하면 우리가 부처님인
일체 중생에 대해 깊은 믿음을 가질 때 중생에 대한 우리의 이해가
깊어지며, 동시에 일체 중생에 대한 깊은 이해는 그에 대한 더욱
깊은 믿음을 가져다 준다. 따라서 우리가 보현행원력을 가질 때 일
체 중생인 부처님에 대한 깊은 믿음을 일으키게 되어 믿음의 대상
인 신비로운 연기적인 중생의 세계를 눈앞에 손바닥 보듯이 확실히
이해하게 된다.

이렇게 보현행원을 원동력으로 하여 깊이 믿고 이해한 부처님인

일체 중생이 바로 우리의 공양의 대상이다. 곧 앞서 설명한 믿음의 대상이 곧 우리의 공양의 대상인 것이다.

그러면 이제부터 공양을 어떻게 드려야 하는가를 살펴봐야 한다. 공양에는 재물[財]공양과 진리[法]공양의 두 가지가 있다. 그런데 이 장에서는 진리공양과 비교하여 재물공양의 한계성을 분명히 이야기하고 있다. 이 장에 의하면 두 공양의 차이는 비교할 수도 없는 엄청난 것이기에 한없이 많은 재물공양도 진리공양을 하겠다고 마음먹는 한 생각의 천 분의 일에도 억만 분의 일에도 미치지 못한다고 한다.

그러면 왜 이 장은 재물공양을 이렇게 혹독히 비판했을까? 이 장이 예를 든 재물공양의 종류를 보면 그 해답이 나온다. 그 종류는 꽃·음악·파라솔·의복·향·등불 등등…. 이 공양들은 전통적으로 법당의 금부처님을 위한 의식에나 쓰이는 공양들이지 진실로 일체 중생을 위한 공양들이 아니다. 따라서 이 장은 참 공양의 대상이 살아서 움직이는 우리 이웃의 모든 중생임을 깨닫지 못하고, 불교의 제례적인 의식을 위해 시주하는 정도로 불교도의 임무를 다했다고 생각하는 재물공양을 할 때의 그 마음자리를 비판하고 있는 것이다.

## 3. 진리공양이란 무엇인가

반대로 우리가 꼭 해야 될 이루 말할 수 없이 중요한 진리공양이란 무엇이며 어떻게 실천해야 할까? 그것은 바로 부처님이 가르쳐 주신 대로 수행하는 것이다. 이 장은 부처님이 가르쳐 주신 대로 실천하는 길을 크게 두 가지로 나누어 설명하고 있다.

우선 제일 중요한 점은 공양의 대상에서도 밝혔듯이 중생을 위해 공양하는 것이다. 그러나 여기서 주의해야 할 점은 자신의 내면적 반성과 성장이 결여된 단순한 중생구제이다. 원래 불교의 중생구제는 그 속에 자신의 내면적 수도를 포함하는 연기적인 성격을 지니고 있다. 즉, 불자(佛子)는 남을 도움으로써 그 속에서 배우며 자신의 부족함을 자각하여 세차게 전진해야 한다.

이러한 정진을 통한 깨달음은 나와 남의 연기적 관계에 대한 깊은 이해를 가져와 더욱더 남을 위해 살게 한다. 그러므로 부처님이 가르쳐 주신 대로 수행하는 두 번째 길은 이러한 연기적인 관계에 있는 내면적 수도를 게을리 하지 않는 것이다. 우선 중생 공양을 구체적으로 살펴보겠다.

그 첫째는 중생을 이익 되게 하는 것이다. 중생을 이익 되게 하기 위해서는 중생의 문제가 무엇이며, 중생이 무엇을 원하고 있는가를 알아야 한다. 그 다음은 문제의 원인을 제거하여 그 바람을 이루어 주어야 한다. 그 원인을 여러 각도에서 잘 관찰해야 한다. 특히 중생의 많은 고통이 사회적으로 연관되어 있음을 파악하여 사회적인 요인을 제거하는 것이 필요하다.

둘째는 중생을 포섭하고 수용하는 것이다. 우리는 남이 자기와 다른 의견을, 다른 가치관을 가지고 있고, 다르게 행동할 때 남을 이해하고 받아들이기보다는 충돌하기 쉽다. 불교에서는 중생의 특성은 다양성이라고 한다. 따라서 중생을 공양하기 위해서는 자기와 다른 관점, 다른 가치관을 먼저 이해하고 받아들이는 노력이 필요하다.

셋째는 중생의 고통을 대신 받는 것이다. 중생의 가장 큰 문제는 고통이다. 「보현행원품」은 중생이 가진 괴로움을 단순히 도와주는 차원을 뛰어넘어 내가 그 괴로움을 대신 받으라고 한다. 이러한 가르침의 사상적 배경은 동체대비(同體大悲)사상이다. 나와 남이 연기적 구조에서 둘이 아님[不二]을 자각했을 때, 우리는 남의 고통을 방관하거나 타인으로서 잠시 도와주다 곧 잊어버릴 수 없게 된다. 왜냐하면 남의 고통이 바로 나의 고통이기 때문이다.

오늘날 우리의 세계는 지구촌이라 불릴 정도로 서로 연관되어 있는 하나의 유기체(有機體)이다. 우리 인류는 지금 정치적·경제적·문화적인 모든 위기에 함께 직면하고 있다. 그런데 타인[다른 나라]은 병들고 굶고 전쟁으로 죽어 가는데, 독불장군처럼 나 혼자만 우리 가족만 영원히 잘 살겠다고 생각하면 그야말로 그것은 망상이다. 부처님은 이미 오래 전에 이런 진리를 파악하셨다. 이것이 바로 연기의 진리이며 동체사상이다. 그러므로 우리는 한 시 바삐 남의 고통이 나의 고통임을 자각하여 인류의 고통을 해결하기 위해 적극 노력해야 할 것이다.

## 4. 내면적 수도

그 다음으로 내면적 수도에 대해 살펴보겠다.

첫째는 우리 속에 있는 착한 싹을 키우는 것이다. 불교는 모든 중생에게 착하고 훌륭한 싹이 있다고 믿고 그것을 키우기를 적극 권장하고 있다.

둘째는 보리심을 떠나지 않는 것이다. 우리는 누구든지 지혜로운 마음인 보리심을 지니고 있다. 이 마음이 바로 부처님의 마음이다. 그럼에도 우리는 우리의 보리심을 깨닫지 못하고 번뇌하여 종종 성내고 미워하면서 보리심을 등진다. 우리는 우리 속에 갖추어진 이 훌륭한 보리심을 깨달아 그로부터 떠나지 말아야겠다.

이렇게 타인의 구제와 나의 수도가 하나임을 깨달아 실천하는

대승불교의 이상적인 인물이 보살이다. 그러므로 이 장은 결코 보
살의 임무를 저버리지 말라고 한다. 이렇게 보살의 임무를 다할 때,
우리는 불교도가 해야 할 참 공양을 실천하게 되는 것이다.

# 참회업장원(懺悔業障願)

■한역(漢譯)

　　復次 善男子야 言 懺悔業障者는 菩薩이 自念호대 我於過去無始劫中에 由貪瞋癡하야 發身口意하야 作諸惡業이 無量無邊하니 若此惡業이 有體相者인댄 盡虛空界라도 不能容受하리니 我今에 悉以淸淨三業하야 遍於法界極微塵刹 一切諸佛菩薩衆前에 誠心懺悔호대 後不復造하고 恒住淨戒一切功德 호리라하여 如是하야 虛空界盡하며 衆生界盡하며 衆生業盡하며 衆生煩惱盡하면 我懺도 乃盡이어니와 而虛空界와 乃至衆生煩惱 不可盡故로 我此懺悔도 無有窮盡하야 念念相續하고 無有間斷하야 身語意業에 無有疲厭이니라

■국역(國譯)

　　선남자야, 또한 업장[1]을 참회한다는 것은 보살이 스스로 생각하기를 '내가 과거 한량없는 겁으로 내려오면서 탐내는 마음과 성내는 마음과 어리석은 마음으로 말미암아 몸과 말과 뜻으로 지은 악한 업이 한량없고 가이없어, 만약 이 악업이 형체가 있는 것이라면 끝없는 허공으로도 용납할 수 없으리니, 내 이제 청정한 삼업으로 널리 법계 극미진수 세계 일체 불보살 전에 두루 지성으로 참회하되 다시는 악한 업을 짓지 아니하고 항상 청정한 계행의 일체 공덕에

---

1) 악한 행위를 저지른 과보로 받는 장애.

머물러 있으오리다' 하는 것이니라.

　이와 같이 하여 허공계가 다하고 중생계가 다하고 중생의 업이 다하고 중생의 번뇌가 다하면 나의 참회도 다하려니와, 허공계 내지 중생의 번뇌가 다함이 없으므로 나의 이 참회도 다함이 없어 생각 생각 상속하여 끊임이 없되 몸과 말과 뜻으로 짓는 일에 지치거나 싫어하는 생각이 없느니라.



## 1. 참회와 발원은 불교도의 일상생활

　부처님이 되기 위한 네 번째의 길은 업장(業障)을 참회하는 것이다. 과거의 잘못을 참회하고 미래에 희망을 가지며 발원[소원 함]하는 것은 불교도가 반드시 해야 할 삶[생활]이다. 여기서 참회와 발원은 분리될 수 없는 관계에 있음을 알 수 있다. 우리가 무엇을 뉘우치는 것은 우리가 소망하는 것이 과거에 이루어지지 않았기 때문이다. 그런데 이제까지 이루어지지 않은 소망을 이루기 위해서는 지금까지의 장애된 요인을 투철히 인식하여 그 요인을 먼저 제거해야 한다. 그래야 미래의 소망 사항인 발원이 이루어진다. 즉, 우리의 소원을 성취하기 위해서는 꼭 절실히 참회해야 한다는 말이다. 그런데 우리가 만약 무엇을 바라는지가 분명하지 않고, 그 원인이 절실하지 않으면 우리의 뉘우침 역시 분명하지 않고 절실하지 않게 된다. 반대로 우리가 원하는 것이 분명하고 간절하다면 우리의 뉘우침 역시 분명하고 간절하다.

　그러므로 우리는 우리의 소원을 분명히 세우고 그것을 간절히 원할 때, 우리의 잘못을 깨닫고 고치려고 절실히 노력하게 된다. 그러면 우리는 무엇을 바라며 무엇을 뉘우쳐야 할까? 「보현행원품」

은 보현보살의 서원을 우리가 소원하며 실천할 것을 가르치고 있다. 보현보살의 서원은 한마디로 일체 중생을 위해 행동으로 실천하겠다는 맹세이다. 그 맹세는 이미 앞의 법공양에서 잘 드러나 있다. 법공양은 부처님이 가르쳐 주신 대로 수행하는 것인데, 구체적인 내용을 간추리면 다음과 같다.

'중생을 이롭게 하며, 중생을 포섭하고 수용하며, 중생의 고통을 대신 받으며, 우리 속의 착한 싹을 키우고, 지혜로운 마음을 등지지 않는 이런 보살의 임무를 포기하지 않는 것이다.'

이렇게 우리는 일체 중생을 위해 몸소 행동할 것을 소원하여 그것을 실천해야 하는데, 그렇게 하지 않을 때 당연히 참회해야 한다. 그런데 이러한 참회는 부처님으로 가득 찬 일체 중생의 세계가 드러났을 때 진실로 일어난다. 만일 부처님이 우리와 조금이라도 떨어져 계신다면 우리는 잠시나마 나쁜 짓을 할 수도 있을 것이다. 그러나 우리 피톨 하나하나 세포 하나하나가 바로 부처님이고, 나쁜 짓을 하려는 내 이 손이 바로 부처님이라면 어떻게 우리가 나쁜 짓을 할 수 있겠는가. 이러한 일체 중생의 세계가 드러났을 때, 우리는 일체 중생을 위해 살지 못한 과거를 진실로 참회할 수밖에 없을 것이다.

그러면 이제 우리가 참회해야 할 죄가 어떤 성격을 지니고 있으며, 어떻게 그것을 없앨 수 있는가를 『천수경』에 나오는 참회에 관한 시를 통해 살펴보자.

첫째 시
'내가 옛날부터 이제까지 지어 온 모든 악한 업장은 다 탐심과 성

냄과 어리석음이 원인이 되어 몸과 입과 의식을 통해 일어납니다. 내
이제 그러한 일체의 악업을 참회합니다.'

이 시가 나타내듯 우리 악업의 원흉은 탐내는 마음과 성내는 마
음과 어리석은 마음이다. 우리의 몸과 입과 의식은 탐진치(貪嗔痴)
삼독심에 사주를 받고 있을 뿐 실제로는 죄가 없다. 따라서 우리는
이 삼독심을 제거하여 청정한 마음을 가져야 한다.

　둘째 시
　'죄는 자성(自性)이 없으며 마음에서 생겨날 뿐입니다. 그 마음이
없어질 때 죄 역시 없어집니다. 죄도 마음도 다 없어져 둘 다 공(空)
해지면 이것이 곧 참된 참회입니다.'

이 시는 첫째 시보다 훨씬 높은 차원을 지니고 있다. 이 시의 핵
심은 '공(空)'사상이다. 죄가 없어질 수 있는 이유는 그 본성이 공
(空)하여 영구불변한 자성이 없기 때문이다. 만일 죄의 본성이 영
원히 불변하는 자성을 지니고 있다면, 우리는 죄를 없애어 죄로부
터 벗어날 수가 없게 된다. 공(空)은 고정된 본성이 없는 원리이기
에 변화와 자유와 해탈의 원리이고 근원이다. 죄의 본성이 공하기
때문에 우리는 죄를 변화시키고 그로부터 해방될 수 있다.
　그런데 여기에 대단히 위험한 함정이 있다. 종래에는 이러한 시
를 아주 관념적으로만 해석했다. 즉, 우리의 개인적인 죄와 사회악
은 다 마음으로부터 나오는 것이므로 마음을 청정하게 하기 위해
깨달을 때까지 세상을 등지고 수도에만 전념한다는 것이었다.
　물론 죄와 사회악이 우리의 마음으로부터 나온다는 것은 의심할
바가 없는 사실이다. 그러나 그렇다고 해서 내 마음만을 청정하기

위해 세상을 등진 관념적인 수도만을 일삼아야 한다는 결론은 분명 잘못된 것이다. 오히려 마음을 청정하기 위해서는 중생 구제행을 사회 속에서 더 실천해야 한다. 이러한 구조를 중생 구제행인 보현행을 할 때야 비로소 깨달음을 얻을 수 있다고 「보현행원품」은 분명히 밝히고 있다.

## 2. 자기가 자기에게 속지 말아야

개인적이고 관념적인 것의 가장 큰 약점은 자기가 자기에게 속는 것이다. 우리가 우리의 잘못을 고쳐 그것을 사회 속에서 실현한다면 우리의 잘못은 구체적으로 드러난다. 타인이 나와 같이 고쳐지지 않았을 때 끊임없이 제삼자인 타인으로부터 도전을 받는다.

그러나 골방에만 들어박혀 참회만 한다면 자기 스스로 자기에게 속을 가능성은 훨씬 커진다. 나의 이러한 염려는 이 시에서도 잘 나타나고 있다. 이 시는 이르기를 '죄도 마음도 다 없어져 둘 다 공(空)해지면 이것이 곧 참된 참회이다'라고 한다. 죄의 원인이 마음임에도 불구하고 굳이 '죄도 마음도 둘 다 공(空)해져야 한다'고 명시한 것은 세상은 악으로 가득 차 있는데도 불구하고 내 마음이 청정해졌으므로 일체 세계가 청정해졌다고 자위하고 있는 수도자의 허구를 찌르는 무서운 말이다.

즉, 우리 마음의 참회는 구체적이고 현실적인 장애 요소인 죄를 제거하는 구체적인 실천으로 나타나야 진실한 참회라는 것이다. 그러므로 이러한 수도와 참회는 나 혼자만을 위해 관념적으로, 개인적으로만 할 것이 아니라 사회 속에서 일체 중생과 함께 구체적으로 실천되어야 한다. 뿐만 아니라 이 시의 근본 사상인 공(空)사상은 바로 연기의 진리인데, 연기의 이치에서는 나 혼자만 깨달음을 얻는 것은 의미가 없게 된다. 남이나 일체 중생은 곧 나이기 때문에 우리는 모두 함께 깨달음을 이루어야 하는 것이다. 그러므로 우리 사회 전체가 어리석음으로 인해 병들어 있고 잘못을 범하고 있다면, 우리는 그 잘못을 시정하기 위해 사회악에 도전해야 한다. 왜냐하면 인류 전체가 고통당하고 있는 사회악은 근본적으로 우리의 잘못된 마음에서 나오는 것이지만 골방에 들어앉아 내 마음만 닦는다고 없어져 일체 중생이 고통에서 해방되는 것이 아니기 때문이다. 그러한 사회악은 구체적이고 현실적인 도전으로서만 제거될 수 있다.

반면 전통적인 수도자들이 저질렀던 잘못과 반대의 극단이 가지고 있는 문제점 역시 간과할 수 없다. 사회제도만 고치면 모든 것이 이루어지리라는 생각은 너무나 피상적이다. 구체적이고 현실적인 실천은 반드시 우리의 내면적인 참회와 수도를 병행해야 한다는 사실이다.

「보현행원품」의 중생을 위한 사상은 분명히 그것과 불가분의 관계에 있는 우리 각자의 내면적 깨달음과 참회를 중요시하고 있다. 또한 연기의 진리란, 전체 속의 개인이 매몰당하는 전체주의가 아니라 개체성이 그대로 살아 있으되 전체와 통합되는 근본원리이다.

결론적으로 진실한 불교도(佛敎徒)의 수도와 참회는 개인적이고 내면적인 차원이 현실 속에서 일체 중생과 더불어 연기의 관계로 잘 조화를 이루면서 실천되어야 할 것이다.

# 수희공덕원(隨喜功德願)



復次 善男子야 言 隨喜功德者는 所有 盡法界虛空界 十方三世一切 佛刹 極微塵數 諸佛如來 從初發心으로 爲一切智하야 勤修福聚호대 不惜 身命을 經 不可說不可說 佛刹極微塵數劫하며 一一劫中에 捨 不可說不 可說 佛刹極微塵數 頭目手足하야 如是一切難行苦行으로 圓滿種種波羅 蜜門하며 證入種種 菩薩智地하며 成就諸佛無上菩提와 及般涅槃하야 分布 舍利하시는 所有善根을 我皆隨喜하며 及彼十方一切世界 六趣四生一切種 類의 所有功德을 乃至一塵이라고 我皆隨喜하며 十方三世一切聲聞과 及 辟 支佛과 有學 無學의 所有功德을 我皆隨喜하며 一切菩薩의 所修無量難行 苦行으로 志求 無上正等菩提한 廣大功德을 我皆隨喜호대 如是 虛空界盡하 며 衆生界盡하며 衆生業盡하며 衆生煩惱盡하야도 我此隨喜는 無有窮盡하야 念念相續하고 無有間斷하야 身語意業에 無有疲厭이니라



선남자야, 또한 남이 짓는 공덕을 함께 기뻐한다는 것은 진법계 허공계 시방삼세 일체 불찰 극미진수 모든 부처님께서 처음 발심하 실 때부터 일체지1)를 위하여 부지런히 복덕을 닦되 몸과 목숨을 돌

---

1) 모든 것의 안팎을 깨달은 부처의 지혜.

보지 않기를 불가설불가설 불찰 극미진수 겁을 지내고 낱낱 겁마다 불가설불가설 불찰 극미진수의 두목과 수족을 버리고 이와 같은 일체 난행 고행으로 가지가지 바라밀문[2])을 원만히 하며, 가지가지 보살지지[3])를 증득하여 들어가며, 모든 부처님의 위없는 보리를 성취하며 내지 열반에 드신 뒤에 사리를 분포하실 때까지의 모든 선근을 내가 다 함께 기뻐하며, 저 시방 일체 세계의 육취 사생[4]) 일체 종류 중생들의 짓는 공덕을 내지 한 티끌만한 것이라도 모두 함께 기뻐하며, 시방삼세의 일체 성문과 벽지불[5])인 유학 무학[6])들이 지은 모든 공덕을 내가 함께 기뻐하며, 일체 보살들이 한량없는 난행 고행을 닦아서 무상정등보리[7])를 구하는 넓고 큰 공덕을 내가 모두 기뻐하는 것이니라.

이와 같이 하여 허공계가 다하고 중생계가 다하고 중생의 업이 다하고 중생의 번뇌가 다하여도, 나의 이 함께 기뻐함은 다함이 없

---

2) 수행으로 깨달음의 피안에 도달하는 길인 육바라밀, 즉 보시(布施)·지계(持戒)·인욕(忍辱)·정진(精進)·선정(禪定)·지혜(智慧)를 말한다. 바라밀(波羅蜜)은 산스크리트 pāramita의 음사로, 깨달음의 저 언덕으로 건너감, 수행의 완성, 완전한 성취, 완성이라는 뜻이다.

3) 보살이 처음 발심하여 깨달음을 이루기 전 단계의 지혜.

4) 육취(六趣)의 취(趣)는 나아가 이른 상태·세계라는 뜻으로 도(道)와 같다. 중생이 저지른 행위에 따라 받는다고 하는 여섯 가지 생존 상태로, 지옥(地獄)·아귀(餓鬼)·축생(畜生)·아수라(阿修羅)·인(人)·천(天)을 말한다. 사생(四生)은 생물이 생기는 네 가지 방식으로, 모태에서 태어나는 태생(胎生), 알에서 깨어나는 난생(卵生), 습한 곳에서 생기는 습생(濕生), 어느 것에도 의존하지 않고 스스로의 업력(業力)으로 태어나는 화생(化生)을 말한다.

5) 성문(聲聞)은 부처님의 가르침을 듣고 깨달음을 구하는 수행자를 말한다. 벽지불(辟支佛)은 산스크리트 pratyeka-buddha(홀로 깨달은 자)의 음사로, 스승 없이 홀로 수행하여 깨달은 자, 홀로 연기(緣起)의 이치를 주시하여 깨달은 자를 말한다. 연각(緣覺)이라고도 한다.

6) 유학(有學)은 아직 번뇌가 남아 있어 아라한(阿羅漢)의 경지에 이르기 위해서는 더 수행해야 하는 자, 무학(無學)은 모든 번뇌를 끊어 더 닦을 것이 없는 아라한을 말한다.

7) 위없는 바르고 원만한 부처님의 깨달음.

어 생각생각 상속하여 끊임이 없되 몸과 말과 뜻으로 짓는 일에 지치거나 싫어하는 생각이 없느니라.



**▌해설(解說)**

### 1. '나'에 집착하여 이기적일 때가 가장 위험

부처님이 될 수 있는 다섯 번째 길은 남이 잘 한 것을 보고 같이 기뻐하는 것이다. 이것은 아주 쉬운 일 같으나 실제로는 그리 쉬운 일이 아니다. 우리 옛말에 '사촌이 논을 사면 배가 아프다'는 말이 있다. 이렇게 우리는 남이 잘되는 것을 기뻐하기보다는 시기하고 질투하는 경우가 더 많을 것이다. 특히 자기와 사이가 나쁜 사람일 경우는 더욱 그럴 것이다.

그러면 우리로 하여금 남이 잘되는 것을 시기하도록 만드는 마음의 원인은 무엇이며, 어떻게 하면 그것을 극복하여 남이 잘되는 것을 보고 같이 기뻐할 수 있을까? 그 마음의 원인은 나를 다른 사람과 독립된 개별적 존재로 착각하여 '나'와 '내 것'에만 집착하는 아집이다. 이러한 아집은 탐하는 마음과 성내는 마음과 어리석은 마음을 만든다. 이렇게 우리의 마음이 '나'에 집착하여 이기적일 때, 우리는 다른 사람이 잘되는 것을 같이 기뻐할 수 없게 된다. 반면 이러한 아집에서 벗어났을 때, 우리는 우리 각자가 타인과 무관한 독립적 존재가 아니라 떼어놓을 수 없는 관계로 연결되어 끊임없이 타인과 외부로부터 영향을 받고 있으며, 끊임없이 외부에 영향을 주고 있는 존재라는 것을 깨닫게 된다. 이러한 연기의 진리는 또한 공(空)의 진리이기도 하다. 내 속으로 타인과 일체 우주가 들어오고 내가 타인과 일체 우주와 하나가 될 수 있는 까닭은, 나를 비롯한 일체 모든 것이 외부에 영향을 받지 않는 독자적인 자기 고유성을 지니고 있지 않기 때문이다.

만약 우리의 본성이 무언가 변하지 않고 자기 나름의 고유한 실체를 유지하고 있다면, 우리는 진정한 의미에서 남이나 다른 것과 하나가 될 수 없다. 그러나 우리의 본성은 공(空)하기 때문에 서로 통합되며 끊임없이 영향을 주고받는 불가분의 관계가 되는 것이다. 이렇게 깨달았을 때 우리는 '나'와 '내 것'이라는 것이 생각의 허구임을 깨닫고 그러한 집착에서 해방될 것이다. 그러면 타인의 기쁨이 바로 나의 기쁨이 되고, 타인의 슬픔과 고통이 바로 나의 슬픔과 고통이 된다. 그때는 남이 잘한 것을 보고 진정으로 같이 기뻐할 수 있게 될 것이다.

## 2. 집착으로부터 해방

그러면 남이 잘되는 것을 보고 기뻐한다고 할 때, 우리가 같이 기뻐해야 할 남이 잘되는 경우란 구체적으로 어떤 경우일까?

1) 삼라만상 티끌 하나하나 속에 빠짐없이 계시는 부처님의 훌륭한 공덕을 보고 기뻐해야 한다. 그러면 또 부처님의 훌륭한 공덕이란 어떤 것일까? 이 장은 부처님의 훌륭한 공덕을 처음 발심해서 마지막 진리를 전파하실 때까지의 여러 단계로 나누어 설명하고 있다. 그러한 공덕을 구체적으로 살펴보면,

첫째는 부처님의 처음 발심[소원]의 훌륭함이다. 우리의 인생은 우리가 무엇을 간절히 바라는가에 따라 결정 지워진다. 우리가 세속적인 명예나 돈을 간구(懇求)한다면 우리 인생은 그러한 방향으로 정해질 것이다. 부처님의 간절한 소원은 완전한 깨달음을 얻어

일체 중생을 구제하리라는 것이었다. 이렇게 부처님의 처음 소원이 원대하고 간절했기에 그 일생 역시 그렇게 훌륭할 수 있었던 것이다.

둘째의 훌륭한 점은 온갖 어려운 수행을 이겨내신 점이다. 원대하고 간절한 소원은 부처님으로 하여금 목숨도 아끼지 않으며 온갖 어려운 고행을 이겨내도록 하였다. 이 장은 그러한 고행을 묘사하길 부처님은 무수히 오랜 겁 동안 그 하나하나의 겁 가운데 무수히 많은 머리와 눈과 손, 발을 버리면서 고행을 견디어 냈다고 말하고 있다.

셋째의 훌륭한 점은 이렇게 피나는 수행으로 피안에 도달하는 길인 바라밀다문을 원만히 성취하신 것이다. 이 온갖 바라밀다문 중 대표적인 것은 보시[자기의 가장 소중한 것을 남에게 줌], 지계[계율을 지킴], 인욕[어려움을 참음], 정진[온 정성을 다 바쳐서 보살도를 실천함], 선정[일사불란한 정신의 통일 상태], 지혜[모든 사물을 왜곡함이 없이 있는 그대로 투철히 보는 지혜] 등의 육바라밀다이다.

넷째의 훌륭한 점은 보살의 경지를 체득한 것이다. 부처님은 앞에서 설명한 바라밀다를 원만히 성취하셨기에 보살의 경지에 완전히 몰입할 수 있었다. 『화엄경』에는 대승불교의 구도자인 보살이 이루어야 할 수행의 단계를 처음 믿음을 내어 깨달음을 얻을 때까지 쉰두 가지의 단계로 설명하고 있다.

그것을 살펴보면 처음 믿음을 내는 단계[十信], 믿음이 성숙되어 흔들리지 않는 단계[十住], 믿음을 구체적으로 실천하는 단계[十行], 실천을 통하여 얻은 결과를 중생에게 다시 돌려주는 단계[十廻向], 보살이 지혜를 체득한 경지[十地], 등각(等覺), 묘각(妙覺) 등이다. 따라서 보살의 경지[十地]란 온갖 어려운 수행의 관문을 지난 후 도달한 완전한 깨달음을 이루기 직전의 경지이다.

다섯째 훌륭한 점은 보살의 경지를 지나 최고의 깨달음을 얻어 완전한 열반에 이르신 공덕이다. 또한 이 경지를 가리켜 최고의 지혜[無上菩提]를 이루신 경지라고 하는데, 화엄52위(位) 중 마지막 구경각(究竟覺)인 묘각의 경지가 여기에 해당된다.

마지막 여섯째의 훌륭한 점은 부처님이 깨달으신 지혜를 세상에 전파하신 공덕이다. 이렇게 원대한 발원으로부터 깨달음을 얻어 진리를 전파하기까지의 부처님이 이루신 모든 공덕의 훌륭함을 우리는 같이 기뻐할 줄 알아야 한다.

2) 우리가 같이 기뻐해야 될 경우는

앞 1)의 경우와는 조금 대조적이다. 부처님의 공덕은 너무나 뛰어나고 훌륭하기에 마땅히 기뻐해야 할 것이다. 그런데 이 장은 비단 이렇게 훌륭한 부처님의 공덕뿐 아니라 한낱 어리석은 미물의 보잘것없는 공덕마저도 우리가 함께 기뻐해야 한다고 가르친다. 많은 중생들은 자기 스스로가 완전한 부처님임에도 불구하고 그 사실을 깨닫지 못한 채, 천상·인간·축생·아수라[싸움꾼들]·아귀[배고픈 귀신]·지옥의 육도(六道)를 괴롭게 윤회한다. 그러면서 중생들은 모태로 태어나는 태생(胎生), 알로 태어나는 난생(卵生), 습기로 태어나는 습생(濕生), 마치 도깨비와 같이 생각의 조화로써 생겨나는 화생(化生)들로 태어난다. 그들이 비록 깨달음은 얻지 못하여 어리석으나 그들이 만약 티끌만큼이라도 좋은 일을 하면 우리는 같이 기뻐해야 한다. 예를 들자면 나쁜 죄를 지어 지옥에 떨어져 있는 중생이 티끌만큼이라도 좋은 일을 한다면 우리는 그것을 기뻐해야 한다는 것이다.

3) 우리가 같이 기뻐해야 할 경우는 소승 성자들의 공덕을 발견했을 때이다. 이들은 성문[설법을 들어서 진리를 깨달은 성자들], 벽지불[연각 : 인연의 이치를 자기 혼자 관찰해서 깨달은 성자], 유학(有學 : 배울 것이 더 남아 있는 경지의 성자), 무학(無學 : 배울 것이 더 이상 없는 성자로 아라한을 가리킴)이다. 이들은 자기 나름대로 불교의 이치를 깨달은 바가 있는 성자들이나 대승의 입장에서 보면, 자기 경지에 집착하여 한계가 뚜렷하고 행동력이 없어 마땅히 비판받아야 할 수도자들이다.

그렇지만 그들에게도 훌륭한 점이 있으면 그것마저도 같이 기뻐하라는 가르침은 우리가 서로의 입장이 달라 적대관계에 있는 사람을 어떻게 대해야 할지를 시사해 주고 있다. 즉, 우리는 서로의 견해차로 비록 적대관계에 있는 사람일지라도 만일 그가 조금이라도 훌륭한 일을 하면 같이 기뻐해야 한다.


4) 마지막으로 우리는 대승불교의 이상적인 수도자인 보살의 공덕을 같이 기뻐해야 한다. 보살은 소승의 성자들과는 대조적으로 온갖 어려움을 이겨내면서 완전한 지혜를 얻기 위해 행동으로 실천하는 구도자이다. 그러므로 우리는 마땅히 실천을 통해 이루는 보살의 공덕을 같이 기뻐해야 한다.

# 청전법륜원(請轉法輪願)



**▌한역(漢譯)**

　復次 善男子야 言 請轉法輪者는 所有 盡法界虛空界十方三世一切佛刹 極微塵中에 一一各有 不可說不可說佛刹極微塵數 廣大佛刹하며 一一刹中에 念念有 不可說不可說佛刹極微塵數一切諸佛이 成等正覺하고 一切菩薩海會로 圍遶어든 而我悉以身口意業과 種種方便으로 慇懃勸請 轉妙法輪호대 如是 虛空界盡하며 衆生界盡하며 衆生業盡하며 衆生煩惱盡하야도 我常勸請一切諸佛 轉正法輪은 無有窮盡하야 念念相續하고 無有間斷하야 身語意業에 無有疲厭이니라.

　선남자야, 또한 설법하여 주시기를 청한다는 것은 진법계 허공계 시방삼세 일체 불찰 극미진마다 각각 불가설불가설 불찰 극미진수의 광대한 부처님 세계가 있으니, 이 낱낱 세계에 염념 중에 불가설 불가설 불찰 극미진수의 부처님이 계셔서 등정각[1]을 이루시고 일체 보살들로 둘러싸여 계시거든 내가 그 모든 부처님께 몸과 말과 뜻으로 가지가지 방편을 지어 설법하여 주시기를 은근히 권청하는 것이니라.

　이와 같이 하여 허공계가 다하고 중생계가 다하고 중생의 업이 다하고 중생의 번뇌가 다하여도, 나의 항상 일체 부처님께 바른 법

---

1) 바르고 원만한 깨달음.

설하여 주시기를 권청하는 것은 다함이 없어 생각생각 상속하여 끊임이 없되 몸과 말과 뜻으로 짓는 일에 지치거나 싫어하는 생각이 없느니라.



## 1. 진리를 굴린다

「보현행원품」의 출발점은 무명(無明)을 떨쳐 버리고 부처님이 되겠다는 소원을 갖는 것이다. 이렇게 간절한 소원은 힘을 갖게 되는데 그 힘이 의지이다. 그리고 이 의지는 우리를 질적으로 전환시키는 원동력이 된다. 이러한 소원을 성취하는 여섯째의 길이 '(부처님께) 진리의 바퀴를 굴려 달라고 청하는 청전법륜원(請轉法輪願)'이다.

우선 '청전법륜'이 무엇을 의미하는지를 생각해 본다. 전(轉)은 '굴리다'는 뜻이고 법륜(法輪)은 진리의 수레바퀴를 의미한다. 수레바퀴[輪]는 진리라는 법(法)을 설명하기 위한 비유이다. 수레바퀴란 굴러가는 것, 움직이는 것을 상징하고 있다. 그러므로 진리를 수레바퀴에 비유한 이유는 진리가 정체되어 있는 것이 아니라 역동적으로 활동하고 있는 것임을 나타내기 위함이다. 불교의 진리는 단순한 관념이나 이론이 아니라 살아서 움직이는 것이다. 그러면 '진리를 굴린다'는 것은 무엇을 의미할까?

일반적으로는 설법하는 것으로 해석하고 있다. 그러나 그것은 너무 부분적인 해석이어서 '전법륜'의 참뜻을 온전히 드러내기에는 충분하지 않다. '진리의 바퀴를 굴린다'는 것은 진리를 설명하거나 해설하는 것만이 아닌 진리를 탄생하게 하고 진리를 성장 발전하게

하여 열매 맺게 한다는 뜻을 가지고 있다. 그러므로 '청전법륜'은
단순히 설법해 주기를 청한다기보다는 '진리로 하여금 이러한 진리
노릇을 하도록 청한다'는 뜻이 되겠다.

이러한 '전법륜'은 부처님만이 할 수 있다. 그러기에 「보현행원
품」은 우리가 법륜을 굴려 달라고 권청(勸請)해야 할 대상을 부처
님이라고 분명히 밝히고 있다. 그런데 우리가 권청해야 할 부처님
은 어떤 분일까? 『화엄경』은 부처님을 다음과 같이 묘사하고 있다.

'부처님 나라는 공간적으로 이 세상 어디에나 안 미치는 곳 없이
무한하며, 시간적으로 끝없는 과거·미래·현재의 삼세 속에 영원히 계
속됩니다. 이러한 부처님 나라는 극히 미세한 티끌들로 이루어져 있
습니다. 그런데 놀라운 것은 이 하나하나의 티끌 속에 부처님 나라의
티끌 수만큼 헤아릴 수 없이 많은 광대한 부처님 나라가 존재한다는
것입니다. 그런데 더욱 놀라운 것은 그 티끌 속의 광대한 부처님 나
라 하나하나 속에 이 세상의 티끌 수만큼 많은 모든 부처님이 순간순
간 최고의 깨달음인 무상정등각(無上正等覺)을 이루며 계신다는 사실
입니다. 그리고 이 부처님은 또다시 일체 보살의 모임으로 둘러싸여
있습니다.'

이것은 너무나 놀라운 사실이다. 부처님께서는 이러한 연기적 세
계를 설명하실 때 히말라야 산과 겨자씨의 비유를 즐겨 사용하셨
다. 히말라야 산은 가장 큰 것을, 겨자씨는 가장 작은 것을 비유한
다. 우리는 히말라야 산 속에 겨자씨가 들어간다면 아무런 이의를
제기하지 않을 것이다. 그러나 겨자씨 속에 히말라야 산이 들어간
다면 아연실색하지 않을 수 없을 것이다. 이렇게 기이한 일이 끝없
이 펼쳐지고 있는 것이 불교에서 보는 세계의 실상이다. 가장 작은

티끌 속에 무한한 부처님 나라가 펼쳐져 있고, 그 나라 하나하나 속에 일체의 부처님이 순간순간마다 '무상정등각'을 이루고 있다. 이것을 폭죽에 비유하면 끊임없이 '탕탕탕' 뇌성을 치며 '번쩍번쩍' 폭죽이 터지고 있는 것과 같다. 그런데 우리 귀에는 그 놀라운 소리가 안 들리고, 우리 눈에는 그 번쩍이는 빛이 보이지 않는다. 무엇이 잘못된 것 아닐까.

우리는 이 사실 앞에 꽉 막혀 버리지 않을 수 없다. 이것은 '무(無)'자나 '이 뭐꼬?'보다도 더 기가 막힌 화두이다. 그런데 부처님이 이루신 최고의 깨달음은 행동으로 나타나지 않을 수 없다. 그러한 사실을 나타내기 위해 부처님은 행동을 상징하는 보살들의 모임으로 둘러싸여 있다고 묘사되었다. 부처님의 깨달음은 지혜로, 자비로, 행동으로 나타나는 깨달음이지 공허한 관념이 아니다. 깨달음이 부처님의 눈이라면 행동은 부처님의 손발이다. 이러한 부처님에게 우리는 '진리의 바퀴를 굴려 달라고' 청해야 한다.

## 2. 은근히 권청한다

그 다음으로 이러한 부처님께 진리의 바퀴를 굴려 달라고 청할 때, 우리는 어떤 마음가짐과 태도를 가져야 할지를 살펴보겠다. 이 장은 '우리는 온갖 말과 마음과 몸을 다하여 갖가지 방편을 써서 부처님께 묘한 진리의 바퀴를 굴려 주실 것을 은근히 권청해야 한다'고 한다. 우리는 대개 말만 하고 마음은 없거나, 마음은 있으나 행동하지 않거나 하는 등, 한쪽으로 치우쳐 있기가 쉽다. 그러나 이 장은 이르기를 우리가 부처님께 권청할 때는 온갖 말로써 그리고 온 마음과 몸을 다해야 한다고 한다.

다시 말하면 우리의 전부를 총체적으로 동원해야 한다는 말이다.

이렇게 간절히 청할 때 우리는 갖가지 방법을 쓰게 된다. 우리는 무엇인가를 이루려고 간절히 원할 때, 이 방법으로 안 되면 저 방법으로 해 보는 등 여러 가지 방법을 쓴다. 그것이 바로 방편이다. 그런데 이렇게 여러 방법으로 권청할 때 우리의 태도는 '은근'해야 한다.

'은근'이란 강압적이 아니라 백짓장에 물이 스며들 듯이 조용하고 부드럽게, 그러나 끝까지 포기하지 않는 꾸준함을 의미한다. 이 '은근'의 이치에 따르면 되지 않는 것이 없다. '은근'의 이치를 쉽게 잘 드러내는 다음과 같은 이야기가 있다.

중국 초나라의 장수 항우는 일곱, 여덟 번을 계속해서 승리한 명장이었다. 그래서 그의 힘은 산을 뽑고도 남을 정도로 강하다고 알려져 있다. 그런데 이 항우도 결국은 패전하여 비참하게 도망갈 수밖에 없게 되었다. 도망가던 항우가 강을 건널 때, 어느 뱃사공이 그의 어머니는 병들어 누워있고 딸은 무엇 무엇이 필요한데 사줄 수 없다는 등의 어려운 사정을 털어놓으며 항우의 목에 걸린 1,000냥만 있으면 좋겠다고 구슬프게 이야기했다. 그러자 그의 슬픈 처지에 감동된 항우가 눈물을 줄줄 흘리며 "내가 그 항우이니 내 목을 베어가라"고 말하였다.

은근의 힘은 이렇게 천하의 장수 항우까지 감동시킬 수 있었던 것이다. 또 하나 좋은 예는 혀와 이빨이다.

혀는 지극히 부드러우므로 나서 죽을 때까지 써도 한번도 바꿀 필요가 없다. 그러나 이빨은 단단하기 때문에 몇 번을 바꾸어야 한다. 이처럼 약한 것이 강한 것을 이길 수 있는 이치가 바로 은근 속에 들어 있다.

## 3. 진리의 수레바퀴는 어디로

그러면 그 다음으로 진리의 바퀴를 굴려 달라는 권청을 우리의 현실 속에서 누구에게, 어떻게 해야 할지를 생각해 봐야 한다. 모든 불교의 경전은 '누가', '누구에게'라는 관계를 명확하게 이야기한다. 불교용어로 부탁하는 주체인 '누가'는 능청(能請)이라 하고, 부탁 받는 대상인 '누구에게'는 소청(所請)이 된다. 여기서 부탁하는 주체는 '나'이다. 그리고 그 대상이 부처님임은 앞에서 살펴보았다. 그 부처님은 일체 처소에 가장 흔하고 미천한 것 속에 존재한다. 그러면 우리가 접할 수 있는 가장 가깝고 흔한 것은 무엇인가?

그것은 '나'이다. 그러기에 부처님을 우선 '나' 속에서부터 찾아야겠다. 즉, 부탁하는 내가 바로 부탁 받는 부처님임을 알아야 하겠다. 이때 부처님에게 진리의 바퀴를 굴려 달라고 청함은 무슨 뜻일까? 내 속에 있는 부처님에게 진리를 실천해 달라는 뜻이다. 좀 더 직접적으로 말하면 부처님인 나에게 본래의 나의 노릇을 제대로 할 것을 권청한다는 뜻이다. 그런데 나로 하여금 부처님 노릇을 제대로 못하게 가로막는 장애 요소가 있다.

그것은 다름 아닌 '내가 부처님이 아니다'라는 생각이다. 그러한 생각 때문에 우리는 자기의 본분을 잊고 엉뚱한 일을 하고 있다. 그러기에 모든 일이 순조롭지 못하다. 더 쉽게 말하면 종교학 교수 박성배가 "내가 박성배가 아니다"라고 하면 어떤 일이 벌어질까? 학교는 혼동에 빠질 것이다. 이럴 때 문제를 해결하는 유일한 길은 박성배로 하여금 자신이 박성배임을 인정하고 고백하게 하는 것밖에 없다. 마찬가지로 우리의 문제를 해결하는 유일한 길은, 나로 하여금 내가 부처님임을 인정하게 하고 부처님답게 행동하게 하는 것이다. 그것이 바로 우리가 해야 할 권청이다. 이것은 절대 교만이 아니다. 오히려 부처님답게 살지 못한 과거를 뉘우치는 괴로운 고백이며, 앞으로 그렇게 살겠다는 비장한 결심이다.

또한 동시에 이 부처님은 항상 우리가 만나는 우리의 이웃임을 알아야겠다. 온갖 고통에 떨고 있는 우리의 이웃 속에서 부처님을 보아야 한다. 그리하여 내가 내 스스로에게 권청하듯이 우리 이웃에게도 권청해야 한다. 그 이웃으로 하여금 그들이 부처님임을 자각시키며 부처님답게 살도록 권청해야 한다. 그러한 노력은 부처님들로 하여금 부처님으로 살 수 없게 하는 온갖 내적, 외적인 장애를 제거하는 방향으로 이루어져야 할 것이다.

마지막으로 우리는 이러한 권청을 한순간도 쉬지 말고 실천해야 한다는 것을 이야기하고 싶다. 진리를 추구하는 사람은 휴식시간을 가질 생각을 해서는 안 된다. 이러한 실천은 오로지 종교적인 믿음의 세계에서만 가능하다. 불교적 세계에서 이러한 실천이 가능한 것은 순간순간마다 부처님이 일체 처에서 정등각을 이루고 있다는 믿음 때문이다. 이러한 실천을 「보현행원품」은 다음과 같이 묘사하고 있다.

'허공계와 중생계와 중생의 업과 번뇌가 다할 때까지, 내가 일체 부처님께 드리는 이 권청을 영원토록 순간순간마다 실천하겠습니다. 그럴지라도 몸과 말과 마음으로 하는 일체의 일에 지치거나 싫어하지 않겠습니다.'

# 청불주세원(請佛住世願)



■ 한역(漢譯)

復次 善男子야 言 請佛住世者는 所有 盡法界虛空界 十方三世 一切 佛刹 極微塵數 諸佛如來 將欲示現般涅槃者와 及諸菩薩과 聲聞緣覺인 有學無學과 乃至一切諸善知識에 我悉勸請호되 莫入涅槃하고 經於一切佛刹極微盡劫을 爲欲利樂一切衆生하소서 하나니라 如是 虛空界盡하며 衆生界盡하며 衆生業盡하며 衆生煩惱盡하야도 我此勸請은 無有窮盡하야 念念相續하고 無有間斷하야 身語意業에 無有疲厭이니라

■ 국역(國譯)

선남자야, 또한 부처님께 이 세상에 오래 계시기를 청한다는 것은 진법계 허공계 시방삼세 일체 불찰 극미진수의 모든 부처님께서 장차 열반에 드시려 하실 때와 또한 모든 보살과 성문 연각인 유학 무학과 내지 일체 모든 선지식에게 두루 권청하되 '열반에 드시지 말고 일체 불찰 극미진수 겁토록 일체 중생을 이롭게 하여 주소서' 하는 것이니라.

이와 같이 하여 허공계가 다하고 중생계가 다하고 중생의 업이 다하고 중생의 번뇌가 다하여도, 나의 이 권청은 다함이 없어 생각 생각 상속하여 끊임이 없되 몸과 말과 뜻으로 짓는 일에 지치거나 싫어하는 생각이 없느니라.

## 1. 성자는 누구인가

우리가 부처님이 될 수 있는 일곱 번째 길은 부처님과 모든 성자들에게 열반에 들지 마시고, 이 세상에 머물러서 우리 중생들을 이롭게 해달라고 간청하기를 내 소원으로 삼는 것이다.

먼저 이러한 간청을 드려야 할 대상인 부처님과 성자들이 어떤 분들인지 살펴보자. 이 장은 우리가 간청을 드려야 할 부처님을 다음과 같이 묘사하고 있다.

부처님 나라는 공간적으로 이 세상 어디에나 안 미치는 곳 없이 무한하며, 시간적으로는 끝없는 과거·미래·현재의 삼세(三世) 속에 영원히 계속된다. 이러한 부처님 나라는 극히 미세한 티끌들로 이루어졌는데, 부처님은 이 하나하나의 티끌 속에 빠짐없이 존재하고 계신다. 좀 더 직접적으로 말하면 이 세상 일체 모든 존재가 부처님이라는 것이다.

다음으로 우리가 간청드려야 할 분들로 부처님의 진리를 실천하는 보살과 부처님의 말씀을 듣고 그 진리를 잘 이해한 성문과 홀로 세상의 이치를 잘 관찰하여 연기의 진리를 깨달은 연각들이다. 뿐만 아니라 흔히 우리가 고승이라고 부르는 불교계의 선지식들에게도 간청을 드려야 한다고 말하고 있다. 이 장은 이르길 우리는 이러한 모든 분들에게 열반에 들어가지 말고 우리 중생들을 이롭게 해 줄 것을 온 정성을 다하여 영원토록 간청해야 한다고 한다.

왠지, 좀 의아스럽지 않나? 불교의 최고 목적이 평화와 적정의 경지인 열반에 들어가는 것이어서 모든 수도자들은 이를 목적으로

수행하고 있는데, 왜 이 장은 열반에 들어가지 말기를 간청하라고
하는 것일까? 그 해답을 구하기 위해 이 경전이 쓰인 시대적 배경
을 한번 살펴보고자 한다.

## 2. 그때나 지금이나

「보현행원품」이 들어있는 「입법계품」은 『화엄경』 가운데 가장
오래된 경전 중 하나로 기원전 1~2세기경에 쓰인 것으로 추정된
다. 당시 불교계에서는 관념적이고 개인주의적 수도만을 강조하는
소승불교에 대한 반성으로 대승불교 운동이 전개되고 있었다. 소승
불교도들은 수도의 경지를 10지·11지·성문·연각·보살 등 여러 단
계로 분류하고 자기 개인적 경지가 높아지는 것을 최대의 관심사로
삼았다.

이들 수도의 최고 경지는 모든 번뇌가 소멸되어 버린 적정의 경
지인 열반이었다. 그런데 소승불교도들은 우리가 육체를 지니고 있
는 한 완전한 번뇌의 소멸은 불가능하며 오로지 죽은 후에만 완전
한 열반이 가능하다고 생각하였다.

그리하여 열반을 육체를 지닌 상태의 불완전한 유여열반과 죽은
뒤의 완전한 무여열반으로 나누어 무여열반을 그들 수도의 최상의
목적지로 삼았다. 이렇게 개인적이고 관념적인 자기 수도만을 일삼
던 소승불교도들은 죽은 뒤의 적정의 열반을 꿈꾸며 이 세상과는
점점 유리되어 갔다. 이러한 소승불교에 대한 반성으로 일어난 대승
불교도들은 소승의 개인적이고 관념적인 수도주의를 비판하면서 중
생구제의 중요성을 역설하였다. 대승경전 중 최고의 경전으로 일컬
어지는 『화엄경』은 이러한 사상을 강하게 드러내고 있다. 특히 「보
현행원품」에는 일체 중생의 광대하고 장엄한 세계를 거듭거듭 묘사

하면서 중생구제행인 보현행을 통해 깨달음을 체득할 수 있음을 노래 부르듯 강조하고 있다.

열반에 들지 말고 중생을 기쁘게 하고 이롭게 해 달라고 간청 드리는 것은, 바로 개인적인 경지주의에 빠져 죽은 뒤의 무여열반을 최고의 경지로 추구하고 있는 소승의 수행자들에게 제발 중생에게 눈길을 돌려 달라고 부탁드리는 것이다. 새롭게 요원의 불길처럼 일어난 대승불교도들이 이러한 부탁을 경전 속에서 간절히 쓴 것으로 미루어 보아 우리는 당시의 불교도들이 얼마나 중생을 외면하고 있었는지 그 풍토를 짐작할 수 있을 것이다.

여기서 주의해야 할 점은 대승불교도들은 분명 소승의 열반사상을 비판하고 있지만, 열반 자체를 부정하는 것은 아니라는 점이다. 즉, '열반에 들어가지 말라는 것'은 자기 개인의 마음 편함 속에만 안주하여 중생과 유리되는 소승적인 열반에는 들어가지 말라는 말이다.

## 3. 대승불교의 열반

한편 대승불교도들은 열반을 새롭게 해석했다.

첫째로 대승불교에서는 열반의 특징을 상락아정(常樂我淨)으로 묘사하고 있는데, 이러한 특징은 소승불교의 열반사상과 정면으로 반대된다. 소승불교는 무상(無常)을 강조하지만, 대승불교는 이 세상의 모든 것은 무상할지라도 열반의 상태는 반드시 소승불교도들이 생각하는 그런 식으로 무상한 것이 아니라 영원한 것이라고 말하고 있다. 또한 소승불교는 고(苦)를 강조하지만 대승불교는 열반의 경지가 낙(樂)임을 이야기하며, 소승은 무아(無我)를 강조하는 데 반해 대승은 열반의 경지는 무언가 변화하지 않는 주체가 있다는 아(我)를 주장한다. 소승은 더러움을, 특히 육체의 더러움을 강조하지만 대승은 열반 경지의 깨끗함을 이야기한다.

여기서 또 하나 조심해야 할 것은 상·낙·아·정이 이미 소승불교도들이 허무한 것으로 버려버린 상식적 수준의 영원·기쁨·아집·깨끗함을 의미하는 것은 아니라는 점이다. 그것은 부정적인 측면만을 강조하는 소승의 이원론(二元論)적 허점을 치고 있는 말이다.

둘째로 열반의 특징은 법신(法身)·반야(般若)·해탈(解脫)로 묘사된다. 법신은 부처님 진리의 몸으로 이 세상 어디에고 존재하지 않는 곳이 없다. 이러한 법신은 완전한 지혜인 반야지(般若智)를 갖추고 일체의 속박으로부터 해탈되어 있다. 이 품이 부처님을 묘사할 때마다 이 세상의 모든 티끌 하나하나 속에 빠짐없이 존재한다는 것은 바로 일체의 모든 존재가 열반을 누리고 있는 법신임을 나타내고 있다. 즉, 일체의 모든 존재는 이미 지혜를 갖추고 모든 속박으로부터 벗어난 법신으로서 이미 열반의 상태에 있는 것이다. 그것이 바로 『화엄경』이 묘사하는 장엄하고 놀라운 중생의 세계이다. 그러므로 열반이란 죽어서 내 몸이 한 줌 재가 되어야만 얻을 수 있는 것이 아니다. 이미 내 피톨 속에서 내 털끝에서 실현되고 있는 것인데, 내가 그것을 자각하지 못하고 있을 뿐이다. 따라서 우리는 죽은 뒤가 아니라 이 자리에서 당장 즉시에 눈을 떠야 한다. 그리하여 일체 중생 속에서 열반의 참 모습을 보고 일체 중생과 더불어 동고동락하며 그들을 위해 살아야 한다. 이것이 참된 열반을 실천하는 길이다.

# 상수불학원(常隨佛學願)



■ 한역(漢譯)

復次 善男子야 言 常隨佛學者는 如此娑婆世界 毘盧遮那如來 從初發心으로 精進不退호되 以不可說不可說 身命으로 而爲布施하며 剝皮爲紙하고 析骨爲筆하며 刺血爲墨하야 書寫經典을 積如須彌라도 爲重法故로 不惜身命이어든 何況王位城邑聚落이며 宮殿園林이며 一切所有와 及餘種種難行苦行이며 乃至樹下에 成大菩提하고 示種種神通하며 起種種變化하야 現種種佛身하며 處種種衆會호대 或處一切諸大菩薩衆會道場하며 或處聲聞及辟支佛 衆會道場하며 或處轉輪聖王小王眷屬 衆會道場하며 或處刹利及婆羅門 長者居士衆會道場하며 乃至 或處天龍八部人非人等衆會道場하야 處於如是種種衆會호되 以 圓滿音이 如 大雷震하야 隨其樂欲하야 成熟衆生하며 乃至示現 入於涅槃하는 如是一切를 我皆隨學호대 如今世尊毘盧遮那하나니 如是하야 盡法界虛空界 十方三世 一切佛刹 所有塵中의 一切如來도 皆亦如是하야 於念念中에 我皆隨學하나니라 如是 虛空界盡하며 衆生界盡하며 衆生業盡하며 衆生煩惱盡하야도 我此隨學은 無有窮盡하야 念念相續하고 無有間斷하야 身語意業에 無有疲厭이니라

■ 국역(國譯)

선남자야, 또한 항상 부처님을 본받아 배운다는 것은 이 사바세계[1]의 비로자나 여래[2]께서 처음 발심하실 때부터 정진하여 물러나

지 아니하고 불가설불가설의 몸과 목숨을 보시하시되 가죽을 벗기어 종이를 삼고 뼈를 쪼개어 붓을 삼고 피를 뽑아 먹물을 삼아서 쓴 경전을 수미산 같이 쌓더라도 법을 존중히 여기는 고로 신명을 아끼지 아니하거든, 어찌 하물며 왕위나 성읍이나 촌락이나 궁전이나 정원이나 산림이나 일체 소유와 가지가지 난행 고행일 것이며, 내지 보리수하에서 대보리를 이루시던 일이나 가지가지 신통을 보이시사 가지가지 변화를 일으키시던 일이나 가지가지 부처님 몸을 나투사 가지가지 중회에 처하시되 혹은 모든 대보살 중회도량에 처하시고 혹은 성문과 벽지불 등 중회도량에 처하시고 혹은 전륜성왕3) 소왕 권속 등 중회도량에 처하시고 혹은 찰제리4)나 바라문5)이나 장자6)나 거사7)의 중회도량에 처하시며 내지 천룡팔부8)와 인비인9) 등 중회도량에 처하시면서 이러한 가지가지 회중에서 원만하신 음성을 마치 큰 우레 소리와도 같게 하여 그들의 좋아함에 따라 중생을 성숙시키시던 일이나 내지 열반에 드심을 나투시는 이와 같은 일체를 내가 다 따라 배우기를 지금의 세존이신 비로자나불과 같이 하는

---

1) 사바(娑婆)는 산스크리트 saha의 음사로, '참는다'는 뜻. 중생이 갖가지 고통을 참고 견뎌야 하는 이 세상

2) 비로자나(毘盧遮那)는 산스크리트 vairocana의 음사로, '광명이 두루 비친다'는 뜻. 진리 그 자체, 또는 진리를 있는 그대로 드러낸 우주 그 자체를 의인화한 부처님.

3) 인도 신화에서, 칠보를 갖추고 정법으로 수미산의 사방에 있는 대륙을 다스리는 왕으로, 하늘로부터 받은 윤보(輪寶)를 굴려 모든 장애를 물리친다고 한다.

4) 고대 인도의 사성(四姓) 가운데 둘째 계급인 크샤트리야. 왕족·귀족·무사 그룹으로, 정치와 군사를 담당하였다.

5) 고대 인도의 사성(四姓) 가운데 가장 높은 계급으로, 제사와 교육을 담당하는 바라문교의 사제(司祭) 그룹.

6) 부호. 자산가.

7) 고대 인도에서 상·공업에 종사하던 부호.

8) 불법(佛法)을 수호하는 여덟 신(神)—팔부중(八部衆)—가운데 천(天)과 용(龍)의 위력이 가장 뛰어나므로 이와 같이 말한다.

9) 인(人)은 사람, 비인(非人)은 귀신·축생 등을 말한다.

것이니라.

　이와 같이 하여 진법계 허공계 시방삼세 일체 불찰의 모든 미진 중에 계시는 일체 부처님께서도 또한 다 이와 같이 하여 염념 중에 내가 다 따라 배우느니라.

　이와 같이 하여 허공계가 다하고 중생계가 다하고 중생의 업이 다하고 중생의 번뇌가 다하여도, 나의 이 따라 배움은 다함이 없어 몸과 말과 뜻으로 짓는 일에 지치거나 싫어하는 생각이 없느니라.

■ 해설(解說) ──────────────────────────────

## 1. 경건히 따라 배워야

　부처님이 되기 위해 수행하는 여덟 번째의 길은 항상 부처님을 따라 배우기를 소원하는 것이다. 먼저 우리가 항상 배워야 할 대상인 부처님에 대해 공부해 보자. 여기서 우리 배움의 대상인 부처님은 세 분으로 나뉘는 독특한 구조를 가지고 있다.

　첫째는 현재 우리가 신앙 속에서 모시고 있는 부처님이다. 신앙 속의 부처님은 보편적, 영적, 관념적인 존재이다.

　둘째는 구체적 역사 속에서 2,500년 전에 깨달음을 얻고 교화하신 석가모니불이시다. 신앙 속의 부처님은 관념적인 존재이기에 이러한 부처님을 따라 배울 때 우리의 배움은 공허해지기 쉽다. 그러므로 우리는 배움의 대상으로서 역사 속에서 구체화된 실증적인 부처님이 필요하다. 이 경전은 역사 속의 석가모니불께서 행하신 발심으로부터 열반에 이르는 모든 것을 내 신앙 속에 부처님 모시듯이 그렇게 경건히 따라 배워야 한다고 말한다.

　이제 우리가 본받아 배워야 할 역사 속에서 나타나신 부처님의 공덕을 구체적으로 살펴보자.

첫째가 발심(發心)이다. 발심은 발보리심(發菩提心)의 준말로, 지혜로운 생각을 일으킨다는 뜻이다. 여기서 지혜로운 생각이란 진리를 깨닫고자 하는 마음을 의미한다.

둘째는 정진불퇴(精進不退)이다. 정진이란 있는 힘을 다해 노력하는 것을 뜻한다. 이러한 정진의 특징은 물러나지 않는다는 '불퇴'에 있다. 정진이 불퇴가 되려면 정말 발심다운 발심을 해야 한다. 부처님의 초발심으로부터 열반에 드시기까지 60년 동안의 일생은 그야말로 애쓰신 정진의 일생이셨다. 그러므로 우리가 부처님을 따라 배울 때 그 초점은 당연히 정진에 있어야 한다. 이러한 정진의 대표적인 것이 남을 도와주는 보시행이다. 그런데 부처님은 자기가 쓰고 남은 것으로 남을 도와준 것이 아니라 자기의 가장 소중한 목숨을 남을 위해 바치는 보시를 행하셨다.

그러므로 한 번뿐이 아니라 이루 헤아릴 수 없이 많은 목숨을 버리는 보시를 행했다는 것이다. 이 말은 두 가지로 해석될 수 있다. 우선 불교의 전생(前生)설에 따라 무수한 겁 동안 부처님께서 수많은 목숨을 버리시며 보시했다고 해석될 수도 있겠다. 또 순간순간 목숨을 버리는 자세로 보시했다고 해석될 수도 있겠다.

이 장은 부처님의 이러한 보시를 비유하여 묘사하길,

'살갗을 벗겨 종이로 삼고 뼈를 깎아 붓으로 삼고 피를 찔러 먹[墨]으로 삼아 경전을 히말라야 산 같이 많이 써내려갔더라도 진리를 존중하기 때문에 목숨을 아끼지 않았다'고 한다.

이 비유는 너무 허황하게 들릴지 몰라도 실제로 불교의 진리가 어떻게 체득되었고 전파되었는가를 알면 오히려 이러한 표현도 부족하다고 느낄 것이다. 여기서 경을 썼다는 것은 진리를 깨치기 위해 애쓰고 남을 깨우치기 위해 노력하는 보시의 상징인 것이다. 이러한 정진을 통해 비로소 위대한 경전들이 나올 수 있게 된 것이다.

## 2. 따라 배워야 할 난행고행

그 다음으로 정진은 온갖 난행고행(難行苦行)을 마다하지 않았다는 것이다. 욕심을 참고 계율을 지키는 것이 그러한 예이다. 셋째로 우리가 배워야 할 것은 피나는 정진을 통해 이루신 깨달음과 그 후에 부처님이 베푸신 공덕들이다. 이 장은 그것을 묘사하길 '부처님은 깨달으신 뒤 온갖 신통력을 나타내시고, 온갖 변화를 일으키시고, 온갖 몸을 나타내시어, 온갖 중생들의 모임에 거처했습니다. 곧 모든 보살들의 수도 도량, 성문과 벽지불의 수도 도량, 정치인들, 이교도들, 속인들, 온갖 사람과 사람 아닌 중생들의 모임에 나타났다'고 한다.

여기서 중요한 것은 부처님이 깨달으신 뒤 그가 버렸던 세상으로 다시 내려와 온갖 중생들과 함께 살았다는 사실이다. 그런데 부처님께서는 중생들과 함께 살면서 어떤 공덕을 베풀었을까? 이 장에 의하면 '원만음(圓滿音)으로 뇌성벽력과 같이 울리되 중생들이 하고자 하는 바에 따라 그들을 성숙시켰다'고 한다.

원만음이란 완전하고 알알이 가득한 부처님의 소리로써 잘못된 생각, 마음, 행동을 뇌성벽력과 같이 흔들어 파괴하는 작용을 한다. 그러나 이러한 파괴는 우리를 죽이는 것이 아니라 우리가 원래 추구하는 바를 이루어, 우리를 성장·성숙시키는 긍정적인 것이다. 다른 관점에서 보면 부처님의 제도는 중생들이 하고자 하는 바에 따라 그들을 진일보, 성숙시키는 데 그 특징이 있다. 그러나 무조건 그들이 원하는 것을 다 따르는 것이 아니라 잘못된 점은 뇌성벽력과 같이 흔들어 고치면서 성숙시키는 것이다. 파괴와 성장, 강함과 부드러움의 조화가 부처님께서 이루신 중생제도의 특징이다. 역사 속의 부처님이 행하신 이러한 일체의 공덕을 마치 내 신앙 속의 부처님 모시듯이 그렇게 경건히 따라 배워야 한다.

그런데 이 장은 이 두 부처님에 그치지 않고 한발 더 나아가 이 세상 어디에나 안 계신 곳이 없는 『화엄경』의 부처님에게서도 우리는 따라 배워야 한다고 말하고 있다. 이 세상 어느 티끌 하나 속에라도 안 계시는 곳 없이 빠짐없이 존재하는 부처님이 우리가 따라 배워야 할 세 번째 부처님이시다. 이때에도 우리는 신앙상의 부처님과 역사 속의 부처님에게 배울 때와 같이 경건하게 그리고 구체적인 실천을 통하여 배워야 한다. 이렇게 배울 때 명심해야 할 것은 한순간도 배우기를 게을리 하지 않고 생각생각마다 끊임없이 정진하는 것이다.

우리가 배워야 할 부처님을 세 분으로 나누어서 설명했지만 결국 우리의 신앙과 실천 속에서는 하나로 조화되어야 한다. 내가 믿고 있는 신앙 속의 부처님은 관념 속에서 공허하게만 존재하는 것이 아니라 역사 속의 부처님이 했던 것과 같은 구체적인 실천으로 구현되어야 한다. 그리고 이러한 신앙과 실천이 실제의 부처님인 우리 이웃, 일체 중생 속에서 구현되어야 하는 것이다.

마지막으로 아개수학(我皆隨學)의 실천에 대해 덧붙인다. 우리는 말로는 부처님을 따라 배운다고 하지만 실제로 부처님의 가르침과 우리의 세계 속에 우리의 이익이 대립되어 있을 때 이익을 택하는 경우가 허다하다. 우리는 이러한 나쁜 버릇, 부처님의 가르침을 등지는 버릇을 고쳐야 한다. 불교적 수도(修道)란 바로 이러한 버릇을 고치는 용광로이다. 우리는 용광로 속에서 철저히 우리 자신을 변혁시켜야 한다. 이럴 때 비로소 우리는 부처님을 따라 배우기를 진정으로 실천하게 되는 것이다.

# 항순중생원(恒順衆生願)

**▮ 한역(漢譯)**

　　復次 善男子야 言 恒順衆生者는 謂盡法界虛空界 十方刹海 所有衆
生이 種種差別하니 所謂卵生胎生이며 濕生化生이라 或有依於 地水火風 而
生住者며 或有依空과 及諸卉木 而生住者며 種種生類와 種種色身과 種種
形狀과 種種相貌와 種種壽量과 種種族類와 種種名號와 種種心性과 種種
知見과 種種欲樂와 種種意行과 種種威儀와 種種衣服과 種種飮食으로 處於
種種村營聚落城邑宮殿하며 乃至 一切天龍八部人非人等과 無足二足과
四足多足과 有色無色과 有想無想과 非有想 非無想인 如是等類를 我皆於
彼에 隨順而轉하며 種種承事하며 種種供養호대 如敬父母하며 如奉師長及阿
羅漢하야 乃至如來로 等無有異하야 於諸病苦에 爲作良醫하며 於失道者에
示其正路하며 於暗夜中에 爲作光明하며 於貧窮者에 令得伏藏하나니 菩薩이
如是 平等饒益一切衆生하나니라 何以故오 菩薩이 若能隨順衆生하면 則爲
隨順供養諸佛이며 若於衆生에 尊重承事하면 則爲尊重承事如來며 若令衆
生으로 生歡喜者면 則令一切如來로 歡喜니 何以故오 諸佛如來는 以 大悲
心으로 而爲體故로 因於衆生하야 而起大悲하며 因於大悲하야 生菩提心하며
因菩提心하야 成等正覺하나니 譬如曠野沙磧之中에 有大樹王커든 若根得
水하면 枝葉華果 悉皆繁茂인달하야 生死曠野의 菩提樹王도 亦復如是하야 一
切衆生으로 而爲樹根하고 諸佛菩薩로 而爲華果하니 以大悲水로 饒益衆生하
면 則能成就諸佛菩薩智慧華果니라 何以故오 若諸菩薩이 以大悲水로 饒

益衆生<sub></sub>하면 則能成就阿耨多羅三藐三菩提故니라 是故로 菩提는 屬於衆生하니 若無衆生이면 一切菩薩이 終不能成無上正覺하나니라 善男子야 汝於此義에 應如是解니라 以於衆生에 心平等故로 則能成就圓滿大悲하며 以大悲心으로 隨衆生故로 則能成就供養如來하나니라 菩薩이 如是隨順衆生하야 虛空界盡하며 衆生界盡하며 衆生業盡하며 衆生煩惱盡하야도 我此隨順은 無有窮盡하야 念念相續하고 無有間斷하야 身語意業에 無有疲厭이니라

## ▌국역(國譯)

선남자야, 또한 항상 중생을 수순한다는 것은 진법계 허공계 시방 세계에 있는 중생들이 가지가지 차별이 있으니 이른바 알로 낳는 것, 태로 낳는 것, 습기로 낳는 것, 화해서 낳는 것들이 혹은 지수화 풍을 의지하여 살기도 하며, 혹은 허공이나 초목에 의지하여 살기도 하는 저 가지가지 생류와 저 가지가지 몸과 가지가지 형상과 가지 가지 모양과 가지가지 수명과 가지가지 종족과 가지가지 이름과 가지가지 심성과 가지가지 지견과 가지가지 욕망과 가지가지 행동과 가지가지 거동과 가지가지 의복과 가지가지 음식으로 가지가지 마을이나 성읍이나 궁전에 처하며 내지 모든 천룡팔부와 인비인 등과 발 없는 것, 두 발 가진 것, 네 발 가진 것, 여러 발 가진 것들이며, 형상 있는 것, 형상 없는 것, 생각 있는 것, 생각 없는 것, 생각 있는 것도 아니요 생각 없는 것도 아닌 이러한 여러 가지 중생들을 내가 다 수순하여 가지가지로 받아 섬기며 가지가지로 공양하기를 부모 와 같이 공경하며 스승이나 아라한이나 내지 부처님과 조금도 다름 없이 받들되, 병든 이에게는 어진 의원이 되고 길 잃은 이에게는 바른 길을 가리키고 어두운 밤중에는 광명이 되고 가난한 이에게는 보배를 얻게 하나니, 보살이 이와 같이 평등히 일체 중생을 이익 되게 하는 것이니라.

어떠한 까닭인가? 만약 보살이 능히 중생을 수순하면 곧 모든 부처님을 수순하고 공양함이 되며, 만약 중생을 존중히 받들어 섬기면 곧 여래를 존중히 받들어 섬김이 되며, 만약 중생으로 하여금 환희심이 나게 하면 곧 일체 여래로 하여금 환희하시게 함이니라. 어떠한 까닭인가? 모든 부처님께서는 대비심으로 체를 삼으시는 까닭에 중생으로 인하여 대비심을 일으키고 대비로 인하여 보리심을 발하고 보리심으로 인하여 등각을 이루시나니, 비유하건대 넓은 벌판 모래밭 가운데 한 큰 나무가 있어 만약 그 뿌리가 물을 만나면 지엽이나 꽃이나 과실이 모두 무성한 것과 같아서 생사광야의 보리수왕도 역시 그러하니, 일체 중생으로 나무뿌리를 삼고 여러 불보살로 꽃과 과실을 삼거든 대비의 물로 중생을 이익되게 하면 즉시에 여러 불보살의 지혜의 꽃과 과실이 성숙되느니라. 어떠한 까닭인가? 만약 보살들이 대비의 물로 중생을 이익되게 하면 곧 아뇩다라삼먁삼보리를 성취하는 까닭이니라. 그러므로 보리는 중생에 속하는 것이니 만약 중생이 없으면 일체 보살이 마침내 무상정각을 이루지 못하느니라.

선남자야, 너희들은 이 뜻을 마땅히 이렇게 알지니, 중생에게 마음이 평등한 고로 능히 원만한 대비를 성취하며 대비심으로 중생을 수순하는 고로 곧 부처님께 공양함을 성취하느니라.

보살이 이와 같이 중생을 수순하나니, 허공계가 다하고 중생계가 다하고 중생의 업이 다하고 중생의 번뇌가 다하여도, 나의 이 수순은 다함이 없어 생각생각 상속하여 끊임이 없되 몸과 말과 뜻으로 짓는 일에 지치거나 싫어하는 생각이 없느니라.

## 1. 풀 한 포기는 우주의 생명체

부처님이 되기 위해 실천하는 아홉 번째의 길은 '항상 중생을 따르기'를 소원하는 것이다. 『화엄경』, 특히 「보현행원품」에서 가장 중요한 말은 '중생'이다. 우리가 『화엄경』의 세계를 얼마나 잘 이해하는가는 바로 이 '중생'이란 말을 얼마나 잘 이해하는가에 달려 있다. 우선 중생(衆生)이란 말을 풀이해 보면, 중(衆)은 모든 것이라는 뜻으로 이 세상 모든 것이라는 뜻이다. 이 세상 모든 것, 감정이 있는 유정(有情)뿐만 아니라 감정이 없는 무정(無情)까지도 포함하는 개념이다. 즉, 감정이 있는 사람이나 동물뿐만 아니라 감정이 없는 산천초목·흙·구름·바람·모든 것이 다 중생인 것이다. 그 다음으로 생(生)은 살아있다는 의미로 이 세상 모든 것이 살아서 약동하는 생명체임을 의미한다.

이미 앞에서 설명한 바와 같이 『화엄경』의 세계는 티끌 하나 속에도 일체 우주가 포함되어 있는 세계이다. 그러므로 아무리 하찮것없어 보이는 돌멩이 하나, 풀 한 포기라도 그 속에 일체 우주를 감싸고 있는 위대한 생명체인 것이다. 이 뭇 중생은 또한 우리 인류와 사회의 구심점이며 역사를 움직여 온 원동력이다. 사회나 역사를 볼 때 표면에 나타난 소수가 주체자인 양 생각하는 것은 비뚤어진 사고방식이다.

그런데 매우 재미있는 것은 이러한 중생들이 무척 다양하다는 점이다. 사람만 보더라도 하나도 똑같이 생기거나 똑같이 느끼고 생각하는 사람은 없다. 잡초 한 포기, 돌멩이 하나도 다 제각기 다른 모양을 하고 있다. 중생은 태어나는 방법에 있어서도 다양하니 곧 알(卵)로, 태(胎)로, 습기(濕)로, 조화(化)로 태어난다. 또 중생은 의지해 사는 곳이 다양하니 어떤 중생은 땅·물·불·바람에 의지하기도 하고 혹은 공중에 혹은 나무에 의지해 산다. 또 중생은 외양에 있어서도 다양하다. 수명도 70년 내지 100년 사는 사람이나 하루나 이틀, 사흘을 사는 하루살이 등 그 사는 목숨에 있어서도 다양하고, 한국민족·중국민족·흑인·백인 등 종족에 있어도 다양하다. 또 김아무개·박아무개·공산당·자유당 등 그 이름에 있어서도 다양하고, 마음이 나쁜 이, 좋은 이, 부드러운 이, 사나운 이 등 그 심성에 있어서도 다양하다. 또한 중생은 각자 식견이 다양하여 어떤 이는 기독교를 혹은 불교를 혹은 이슬람교를 믿고, 또 어떤 이는 공산주의를 혹은 민족주의를 혹은 자유주의를 신봉한다. 또한 욕망하거나 좋아하는 것이 제각기 달라 어떤 이는 금욕주의자가, 어떤 이는 쾌락주의자가 되기도 하며, 의지나 행위가 각자 달라 어떤 이는 수동적이고 어떤 이는 적극적이다. 또한 고상하거나 천박한 등의 몸 처신에 있어서도 다양하며 음식이나 의복과 주거에 있어서 다양하다. 이 장은 이렇게 다양한 중생들을 다 따르며 함께 살아야 한다고 말한다.

그런데 우리에게는 자기와 피부 색깔이 다르고 종족이 다르다고 차별하는 경우가 많다. 뿐만 아니라 주의나 주장이 다르고 가치관이 다를 때 서로를 무시하기가 일쑤고 남을 도와준다며 자기의 가치관을 남에게 강요하기도 한다. 인류의 많은 비극은 타인의 다양성을 무시하고 자기의 가치관으로 남을 획일화시키려는 데서 나온다. 그러한 태도는 중생의 본성에 대한 무지에서 나온다. 우리가 진정으로 다른 사람과 다른 존재의 다양성을 존중하고 그것을 따를 때, 우리는 온갖 것과 함께 어울려 평화롭게 공존할 수 있게 된다.

이 장은 계속해서 중생을 따를 때 우리가 취해야 할 마음가짐과 태도에 대하여 말한다. 모든 중생들은 그 나름대로 어떤 일을 하고 있다. 개미는 개미 나름대로 일을 하고 있고, 갓난아기나 죽음을 앞에 둔 노인은 그 나름대로 무언가를 하고 있다. 우리는 그것이 아무리 하잘것없어 보여도 모든 중생들이 하고자 하는 일을 받들어 그 일을 이루도록 도와주어야 한다.

그리하여 그 중생들로 하여금 성장하고 결실을 맺도록 그들을 키워 주어야 한다. 이처럼 중생의 다양성을 존중하는 것이 매우 중요하다. 중생이 다양하듯이 그 하는 일 역시 다양하다. 이때 자기의 기준으로 남이 하는 일을 함부로 무시하거나 차별하지 말고, 아무리 하잘것없어 보이는 일일지라도 부모님이나 스승님이나 심지어 부처님을 모실 때와 같은 경건한 마음으로 일체 중생을 평등하게 도와주어야 한다는 것이다. 이러한 마음가짐으로 모든 중생을 도와야 하는 구체적인 예를 이 장은 말하고 있다.

'병들어 괴로워하는 이에게는 의사가 되어 주고, 길 잃은 이에게는 올바른 길을 가르쳐 주고, 캄캄한 밤중에는 광명이 되어 주고, 가난한 이에게는 보배를 갖다 주어야 한다.'

21세기 현대에 살고 있는 우리가 이러한 정신들을 실천할 때, 위의 예들은 다시 우리의 현실에 맞게 실천되어야 한다. 우리가 살고 있는 21세기는 과거 어느 때보다도 심각한 여러 문제를 안고 있다. 심각한 문명의 위기 속에서 각 개인과 민족과 인류 전체가 어두움 속에서 길을 잃고 방황하고 있다. 이런 상황에서 빛이 되어 올바른 길을 알려 주기 위해서는 현대의 문제를 개인적, 철학적, 종교적인 관점에서 연구해야 할 뿐 아니라 사회적, 역사적인 관점에서도 연구해야 한다.

## 2. 근원적인 도움

가난한 이를 도와주는 것만 보더라도 가난한 이에게 몇 푼의 돈을 준다고 문제가 해결되는 것이 아니다. 그들을 진정으로 도와주는 길은 가난한 이가 계속 가난해야만 하는 잘못된 경제 질서를 고치는 것이다. 동시에 체제만 고친다고 문제가 해결되는 것도 아니다. 그 체제를 움직이는 주체자로서의 인간의 심성 역시 항상 문제가 된다. 이렇듯 우리의 현실에서 광명이 된다는 것은 그리 쉬운 일이 아니다.

그 다음으로 이 장은 우리가 왜 하찮은 모든 중생들을 평등하게 따르며 도와주어야 하는지, 그 근거를 설명하고 있다.

첫째로 뭇 중생들이 바로 부처님이기에 그렇게 실천해야 한다. 모든 중생들은 그 속에 온 우주를 담고 있는 위대한 부처님이다. 아무리 하찮아 보이는 미물이라도 그 속에 온 우주를 담고 있는 위대한 생명체인 부처님이기에 우리는 그들을 존중하며 그들의 일을 도와주어야 한다는 것이다. 그러므로 중생이 그 일을 이루도록 돕는 것이 바로 부처님의 일을 돕는 것이며, 중생을 기쁘게 하는 것이 곧 부처님을 기쁘게 하는 것이 된다.

둘째로 뭇 중생들이 완전한 지혜를 갖춘 부처님을 탄생시키는 근거이기 때문에 그렇게 실천해야 한다. 불교도의 최고 이상은 완전한 지혜를 얻는 데 있다. 그런데 이러한 지혜는 자비심에 의해서만 생겨날 수 있다고 이 장은 말하고 있다. 여기서 자비심을 일으키는 것은 바로 뭇 중생들이다. 바꾸어 말하면 우리는 중생들이 괴로워하는 것을 보고, 그 고통을 덜어 주려는 자비심을 일으킨다. 동시에 이 자비심은 지혜의 눈을 뜨게 해 준다.

즉, 우리가 중생의 고통을 진정으로 연민할 때 그들의 고통을 덜어 주는 지혜의 길을 발견한다는 것이다. 이렇듯 불교에서 자비란 필연적으로 지혜를 수반하는 것이다. 지혜롭지 못한 베풂이란 어리석은 사랑에 불과하지 진정으로 남을 키워 주는 자비는 아니다.

그러므로 뭇 중생은 지혜로운 부처님을 탄생시키는 근거가 된다. 이 장은 그러한 관계를 다음과 같이 묘사하고 있다.

'생사의 광야에 보리수가 있는데 그 뿌리가 중생입니다. 그 뿌리가 자비의 단물을 먹으면 잎이 번창하여 지혜의 열매를 맺는데 그 열매가 부처님과 보살들입니다. 따라서 우리가 중생들을 따르며 도와주는 것은 곧 부처님을 탄생시키는 숭고한 일인 것입니다.'

# 보개회향원(普皆廻向願)



**▌한역(漢譯)**

復次 善男子야 言 普皆廻向者는 從初禮拜로 乃至隨順의 所有功德을 皆悉廻向 盡法界虛空界 一切衆生호대 願令衆生으로 常得安樂하고 無諸病苦하며 欲行惡法이어든 皆悉不成하고 所修善業은 皆速成就하며 關閉一切諸惡趣門하고 開示人天涅槃正路하며 若諸衆生이 因其積集諸惡業故로 所感一切極重苦果를 我皆代受하야 令彼衆生으로 悉得解脫하야 究竟成就無上菩提케하나니 菩薩이 如是所修廻向을 虛空界盡하며 衆生界盡하며 衆生業盡하며 衆生煩惱盡하야도 我此廻向은 無有窮盡하야 念念相續하고 無有間斷하야 身語意業에 無有彼厭이니라

**▌국역(國譯)**

선남자야, 또한 지은 공덕을 널리 회향한다는 것은, 처음에 부처님께 예배하고 공경하는 것으로부터 중생을 수순하는 것까지의 모든 공덕을 진법계 허공계 일체 중생에게 남김없이 회향하여, 중생으로 하여금 항상 안락하고 일체 병고가 영영 없기를 원하며, 악한 일을 하고자 하면 하나도 됨이 없고 착한 업을 닦고자 하면 다 속히 성취하여 일체 악취[1]의 문은 닫아 버리고, 인간에나 천상에나 열반

---

1) 악한 짓을 한 중생이 그 과보로 받는다고 하는 괴로움의 생존. 지옥·아귀·축생 등의 세계.

에 이르는 바른 길을 열어 보이며, 모든 중생이 그 지어 쌓은 모든 악업으로 인하여 얻게 되는 일체의 극중한 고보는 내가 다 대신 받아서 저 중생으로 하여금 모두 해탈케 하여 마침내 무상보리[2]를 성취하게 하는 것이니라.

보살이 이와 같이 그 닦은 공덕을 회향하나니, 허공계가 다하고 중생계가 다하고 중생의 업이 다하고 중생의 번뇌가 다하여도, 나의 이 회향은 다하지 아니하여 생각생각 상속하여 끊임이 없되 몸과 말과 뜻으로 짓는 일에 지치거나 싫어하는 생각이 없느니라.

**▌해설(解說)** ──────────────────────

## 1. 불도(佛道)를 이루는 길

부처님이 되기 위해 실천하는 열 번째의 길은 우리가 수행을 열심히 하여 얻은 일체의 공덕을 하나도 남김없이 모든 중생에게 돌려주는 것이다. 우리는 지금까지 처음 부처님께 예경을 드리는 것으로부터 시작하여 중생을 수순하기에 이르는 깨달음을 성취하기 위한 여러 수도에 관한 공부를 해 왔다. 이제 이 장은 이렇게 수도하여 얻은 공덕을 자신 혼자만을 위해 간직할 것이 아니라 모든 중생에게 다 돌려주라고 가르치고 있다. 그래야만 우리의 소원인 불도(佛道)를 이룰 수 있다는 것이다.

이렇게 회향(廻向)을 실천할 때 중요한 점은

첫째, 자기가 가지고 있는 모든 것을 하나도 남김없이 속속들이 남에게 돌려 주어야 한다는 점이다. 자기가 쓰고 남는 것을 적당히 주고 스스로 자선가인 양 하는 것은, 물론 아예 안 주는 것보다는

─────────────────

2) 위없는 바르고 원만한 부처님의 깨달음. 부처님이 체득한 위없는 깨달음의 지혜.

나으나 진정으로 회향하는 것이 아니다. 우리는 누구든지 마음으로, 머리로, 행동으로, 어떤 일을 하고 있다. 중생이 다양하듯 그 일 역시 다양하여 어떤 이는 돈을 모으고, 어떤 이는 지식을 쌓고, 어떤 이는 노래를 부르고, 어떤 이는 운동을 한다. 이렇게 일을 하여 얻은 결과를 그것이 돈이건 지식이건 노래건 무슨 공덕이든지 다 중생을 위하여 써야 한다는 것이다.

둘째로 중요한 것은 편협됨이 없이 모든 중생에게 돌려주어야 한다는 점이다. 우리는 많은 사람들이 자기 가족에게는 아낌없이 주면서 남들에게는 피도 눈물도 없이 매정한 경우를 흔히 본다. 혹은 자기 민족과 국가의 이익을 위해 타민족과 타국가를 침략하는 경우도 흔히 본다.

이러한 행위들은 너무나 근시안적인 확대된 이기주의에 불과하다. 자기 가족만 잘 살면 행복할 것 같지만 이웃이 병들고 사회가 병들었을 때 얼마 못 가서 그 영향이 우리 가족에게 미쳐온다. 아무리 높은 담장으로 막으려 해도 결코 피할 수가 없다. 마찬가지로 자기 나라의 국익만을 위해 온갖 사악을 서슴지 않는 소위 선진국들도 우리 지구촌이 하나의 유기체임을 깨달아야 한다. 소련의 체르노빌 원자로 사고가 났을 때 전 세계적인 피해가 그 단적인 예가 되겠다.

셋째로 중요한 것은 회향은 수도를 다 끝내고 부처님이 된 후에 실천해야 하는 끝맺음이 아니라 처음 발심할 때부터 매 순간순간 실천해야 하는 것이다. 나중에 돈 많이 번 후에나, 수행을 하여 부처가 된 뒤에 남을 돕겠다고 하는 것은 자기 위안에 불과하다. 그런 사람들은 영원히 남을 도울 수 없다. 이 일은 미래로 미루지 말고 지금부터 실천해야 한다. 이렇게 순간순간 수행한 공덕을 남에

게 돌려주면 마음에 쌓인 게 없으므로 교만이 생길 틈이 없다. 정
체되어 고이는 물은 썩게 마련이며 흐르는 물이 맑은 것과 같은 이
치이다.

## 2. 어떻게 회향하나

그 다음으로 어떻게 회향을 실천해야 할 것인가? 그 방법에 대
해 생각해 보자.

첫째, 이 장은 일체 중생을 병의 고통으로부터 구해 내 안락하게
해 주어야 한다고 말한다. 여기서 병이란 비단 육체적 질병뿐 아니
라 정신적인 온갖 괴로움도 함께 일컫는 말이다. 불교적 견지에서
보면 병들지 않은 사람이 없다. 이때 병을 고쳐 주기 위해 무엇보
다 중요한 것은 병을 올바르게 진단하는 것이다.

우리 시대의 인류가 겪고 있는 많은 병들은 다음과 같이 진단할
수 있을 것 같다. 우선 돈 때문에 생긴 병고이다. 현대는 물질문명
이 고도로 발달되었지만 과거 어느 시대보다도 굶주리는 인구가 많
다고 한다. 이러한 문제는 부의 편재에서 비롯된 것이다. 인류 전체
인구 중 아주 극소수가 대다수의 부를 장악하고 있다. 이것은 자본
주의의 가장 심각한 문제이다. 부처님께서는 이미 오래 전에 제자
들의 돈 사유화를 금지시키고 공유하도록 한 것은 눈 밝은 이의 지
혜로써 자본주의의 문제를 간파했기 때문이다.

이러한 구조적 가난은 내 재산의 얼마를 나누어 준다는 단순한
금전적인 보시로는 해결될 수가 없다. 그것은 깨진 독에 물을 붓는
것과 같다. 이 문제는 가난한 이가 가난할 수밖에 없는 잘못된 제
도, 가치관, 이데올로기에 도전하여 그것을 고침으로써 비로소 해
결될 수 있다.

다음으로 잘못된 견해에서 생기는 병고를 들 수 있겠다. 부처님
은 항상 올바른 견해를 가질 것을 노래 부르듯이 당부하셨다. 우리
는 견해 차이 때문에 얼마나 많은 문제와 곤란을 겪는가. 특히 우
리의 견해가 굳어져 형성된 이데올로기는 우리 시대의 정말로 심각
한 문제가 아닐 수 없다. 대개 견해 차이로 시비가 붙은 경우는 자
기가 보고 들은 것에 집착하여 그것을 절대화시킬 때 생긴다. 자기
의 경험과 지식을 절대화시키지 않으면 우리는 남의 말에 귀 기울
일 수 있게 된다. 그때 우리는 남으로부터 배울 수 있게 된다.

둘째, 회향을 실천하는 방법은 중생들이 나쁜 짓을 하려 해도 할
수 없도록 모든 악한 방향으로 가는 문을 차단시키는 것이라고 이
장은 설하고 있다. 그런데 우리가 살고 있는 사회를 한번 살펴보자.
장사하는 사람들은 장사를 하려면 나쁜 짓을 안 할 수가 없다고 한
다. 가끔 우리는 가난에 못 이겨 도둑이나 창녀가 돼버린 슬픈 얘
기를 듣게 된다. 그렇다면 우리 사회는 나쁜 짓을 안 하려 해도 안
할 수 없는 세상이니 결국은 잘못된 세상이 아닌가? 무엇이 우리로
하여금 이렇게 살 수밖에 없도록 만들고 있는가? 우리를 둘러싸고
있는 잘못된 제도, 비뚤어진 가치관 때문이다.

그것은 우리를 그곳에 가두어 놓은 잘 짜인 틀과 같은 것이어서
우리는 생존하기 위해서는 어쩔 수 없이 혹은 관성적으로 그 틀의
규칙과 짜임새에 우리를 맞출 수밖에 없게 된다. 그러면서 가끔 먹
고 살기 위해서는 나쁜 짓을 안 할 수 없다고 쓸쓸한 고백을 한다.
오래 전 나는 이승만에 의해 억울하게 처형당한 조봉암 진보당의
강령을 만들어 준 이동화로부터 다음과 같이 흥미 있는 얘기를 들
었다.

'마을 앞에 깊은 웅덩이가 하나 있는데 가끔 어린아이들이 뛰어 놀다 빠져 죽고 어른들도 술에 취해 가다 빠져 죽습니다. 이때 종교인들은 목탁을 치며 극락왕생을 빌어 주거나 성경책을 옆에 끼고 웅덩이 곁에 서서 거기에 빠지지 말라고 고함을 칩니다. 그러나 사회개혁자인 나의 입장에서 보면 웅덩이를 메우는 길이 가장 올바른 길입니다. 그러면 빠지지 말라고 고함칠 필요도, 극락왕생을 빌어 줄 필요도 없어지게 됩니다.'

나쁜 짓을 하려해도 할 수 없도록 악한 방향으로 가는 문을 차단시키는 것이 진정으로 회향하는 길이라는 이 장과 빠져 죽지 않도록 아예 웅덩이를 메우라는 얘기는 일맥상통하는 점이 있다. 나쁜 짓을 할 수 없도록 악한 방향으로 가는 문을 차단시키라는 가르침은 단순하게 나쁜 짓을 하지 말라는 얘기보다 한 차원 높게 문제를 더 근원적으로 바라보고 해결하려는 것이다.

그것은 전체 사회를 문제 삼고 있다. 우리 사회가 건강해질 때 우리는 생존하기 위해 더 이상 나쁜 짓이 필요하지 않게 된다. 그와 반대로 악한 길로 갈 수 있는 문을 활짝 열어놓고 웅덩이를 그대로 놔두고 나쁜 짓을 하지 말라고, 빠지지 말라고 설교한다는 것은 의미 없는 일이다.

그렇다면 우리는 어떻게 악한 문을 차단시켜 우리 전체의 건강을 회복할 수 있을까? 잘못된 제도와 비뚤어진 가치관에 도전해야 한다. 동시에 그 웅덩이는 외부에만 있는 것이 아니라 우리 가슴속에도 자리잡고 있는 것임을 간파해야 한다. 그리하여 우리 가슴속의 웅덩이도 같이 메울 때 제2의 제3의 웅덩이가 우리 사회 속에 생겨나지 않게 된다.

셋째, 회향을 실천하는 방법은 만약 위와 같이 악한 문을 차단했는데도 중생이 나쁜 짓을 하여 무거운 과보(果報)를 받으면 대신 그 과보를 받는 것이다. 중생의 괴로운 과보를 대신 받는 것은 보살의 근본 수행이다. 이러한 실천은 오로지 동체대비(同體大悲)의 믿음과 깨달음에 의해서만 이루어질 수 있다. 곧, 우리의 이웃과 일체 중생과 내가 분리될 수 없는 유기체임을 깨닫고, 우리의 이웃이 고통 받을 때 그들의 고통이 바로 나의 고통임을 느껴서 그 고통을 대신 받는 것이다.

이렇게 하여 모든 중생들로 하여금 해탈을 얻도록 하는 것이 진정한 회향을 실천하는 길이다.

# 총결(總結)

▌한역(漢譯)

善男子야 是爲菩薩摩訶薩의 十種大願具足圓滿이니 若諸菩薩이 於此 大願에 隨順趣入하면 則能成熟一切衆生이며 則能隨順阿耨多羅三藐三 菩提이며 則能成滿普賢菩薩諸行願海이니 是故로 善男子야 汝於此義에 應 如是知니라

若有善男子善女人하야 以滿十方無量無邊 不可說不可說 佛刹極微 塵數 一切世界 上妙七寶와 及諸人天最勝安樂하야 布施爾所一切世界 所有衆生하며 供養爾所一切世界諸佛菩薩호대 經爾所佛刹極微塵數劫을 相續不斷한 所得功德과 若復有人하야 聞此願王 一經於耳한 所有功德으로 比前功德컨댄 百分不及一이며 千分不及一이며 乃至 優婆尼沙陀分에도 亦 不及一이니라

或復有人하야 以深信心으로 於此大願을 受持讀誦하며 乃至 書寫一四句 偈하면 速能除滅五無間業하고 所有世間身心等病과 種種苦惱와 乃至 佛 刹極微塵數 一切惡業을 皆得銷除하며 一切魔軍과 夜叉羅刹과 若鳩槃茶 와 若毘舍闍와 若部多等 飮血噉肉하는 諸惡鬼神이 皆悉遠離하며 或時發心 하야 親近守護하리니 是故로 若人이 誦此願者면 行於世間호되 無有障碍 如空 中月이 出於雲翳ㄴ달하니 諸佛菩薩之所稱讚이며 一切人天이 皆應禮敬하며 一切衆生이 悉應供養하리니 此善男子는 善得人身하야 圓滿普賢所有功德 하고 不久에 當如普賢菩薩하야 速得成就微妙色身하야 具三十二大丈夫相

하며 若生人天하면 所在之處에 常居勝族하야 悉能破壞一切惡趣하며 悉能遠離一切惡友하며 悉能制伏一切外道하며 悉能解脫一切煩惱호대 如師子王이 摧伏群獸S달하야 堪受一切衆生供養하리라

又復是人이 臨命終時 最後刹那 一切諸根은 悉皆散壞하며 一切親屬은 悉皆捨離하며 一切威勢는 悉皆退失하고 輔相大臣과 宮城內外와 象馬車乘과 珍寶伏藏 如是一切는 無復相隨호대 唯此願王은 不相捨離하야 於一切時에 引導其前하야 一刹那中에 卽得往生極樂世界하며 到已에 卽見阿彌陀佛과 文殊師利菩薩과 普賢菩薩과 觀自在菩薩과 彌勒菩薩等이어든 此諸菩薩이 色相이 端嚴하고 功德具足으로 所共圍遶어든 其人이 自見生蓮華中하야 蒙佛授記하고 得授記已하야는 經於無數百千萬億那由他劫을 普於十方不可說不可說世界에 以智慧力으로 隨衆生心하야 而爲利益하며 不久에 當坐菩提道場하야 降伏魔軍하고 成等正覺하야 轉妙法輪하야 能令佛刹極微塵數世界衆生으로 發菩提心하며 隨其根性하야 敎化成熟하며 乃至 盡於未來劫海를 廣能利益一切衆生하리니 善男子야 彼諸衆生이 若聞若信此大願王커니 受持讀誦하며 廣爲人說하는 所有功德은 除佛世尊하고 餘無知者니 是故로 汝等은 聞此願王에 莫生疑念하고 應當諦受 受已能讀하고 讀已能誦하며 誦已能持하고 乃至書寫하야 廣爲人說이니 是諸人等은 於一念中에 所有行願을 皆得成就하며 所獲福聚 無量無邊하야 能於煩惱大苦海中에 拔濟衆生하야 令其出離하야 皆得往生阿彌陀佛極樂世界하나니라


## ▌국역(國譯)

선남자야, 이것이 보살마하살의 열 가지 대원을 구족하고 원만하게 함이니, 만약 모든 보살이 이 대원에 수순하여 나아가면 능히 일체 중생을 성숙함이며, 아뇩다라삼먁삼보리에 수순함이며, 보현보살의 한량없는 모든 행원을 원만히 성취함이니, 이 까닭에 선남자야, 너희들은 이 뜻을 마땅히 이와 같이 알지니라.

만약 어떤 선남자 선여인이 시방 무량무변 불가설불가설 불찰 극미진수 일체 세계에 가득 찬 으뜸가는 묘한 칠보1)와 또한 모든 인간과 천상에서 가장 수승한 안락으로 저 모든 세계에 있는 중생들에게 보시하며 저 모든 세계에 계시는 불보살께 공양하기를, 저 불찰 극미진수 겁을 지내도록 항상 계속하고 끊이지 아니하여 얻을 공덕과, 다시 어떤 사람이 이 원왕(願王)을 잠깐 동안 듣고 얻을 공덕과를 비교하면 앞에 말한 공덕은 백분의 일도 되지 못하며 천분의 일도 되지 못하며 내지 우바니사타분의 일에도 또한 미치지 못하느니라.

다시 어떤 사람이 깊은 신심으로 이 대원을 받아 가지고 읽고 외우거나 내지 한 사구게2)만이라도 서사하면 속히 오무간업3)이 소멸하며 세간에 있는 심신의 모든 병과 모든 고뇌와 내지 불찰 극미진수의 일체 악업이 모두 소멸하며 또한 일체 마군4)과 야차5)와 나찰6)

---

1) 일곱 가지 보석. ① 금 ② 은 ③ 유리(琉璃). 검푸른 빛이 나는 보석. ④ 파리(頗梨). 수정. ⑤ 차거(車渠). 백산호(白珊瑚) 또는 대합(大蛤). ⑥ 적진주(赤眞珠). 붉은 빛이 나는 진주. ⑦ 마노(碼瑙). 짙은 녹색 빛이 나는 보석. 그러나 경론(經論)에 따라 차이가 있다.

2) 게(偈)는 산스크리트 gatha의 음사이고, 번역하여 송(頌)이라 한다. 1구(句)가 8음절로 되어 있는, 산스크리트 운문의 기본 운율이다. 따라서 사구게는 사행시(四行詩)이다.
  또 gatha는 경문(經文)의 길이를 나타내기도 하는데, 금강경을 삼백송반야경(三百頌般若經), 소품반야경(小品般若經)을 팔천송반야경(八千頌般若經), 대품반야경(大品般若經)을 이만오천송반야경(二萬五千頌般若經)이라고 하는 게 그 예이다.
  여기서 사구게는 사행시가 아니라 경문의 길이로 보아야 한다.

3) 무간지옥의 괴로움을 받을 지극히 악한 다섯 행위. 곧 오역죄(五逆罪)를 말한다. ① 아버지를 죽이거나 ② 어머니를 죽이거나 ③ 아라한을 죽이거나 ④ 승가의 화합을 깨뜨리거나 ⑤ 부처님의 몸에 피를 나게 하는 짓이다.

4) 악마의 군사·무리. 수행을 방해하는 온갖 번뇌나 그릇된 일을 비유하여 이르는 말.

5) 산스크리트 yakṣa의 음사. 사람을 괴롭히거나 해친다는 귀신.

6) 산스크리트 rākṣasa의 음사. 신속하게 땅이나 공중으로 다니면서 사람을 잡아먹는다는 귀신.

과 구반다7)와 혹 비사사8)나 부다9) 등 피를 빨고 살을 먹는 모든 악한 귀신들이 다 멀리 달아나거나 혹 발심하여 가까이 와서 친근하며 수호하리니, 이 까닭에 이 원왕을 외우는 사람은 이 세간을 지냄에 조금도 장애가 없어 마치 공중의 달이 구름 밖으로 나온 듯하니라.

그러므로 모든 불보살이 칭찬하시며 일체 인간이나 천상 사람이 마땅히 예경하며 일체 중생이 마땅히 공양하리니, 이 선남자는 훌륭한 사람 몸을 받아서 보현보살의 모든 공덕을 원만히 하고 마땅히 오래지 않아 보현보살과 같은 미묘한 몸을 성취하여 32대장부상10)이 구족할 것이며, 만약 인간이나 천상에 태어나면 난 데마다 수승한 종족 가운데 나며 능히 일체 악취는 다 없이하며 일체 악한 벗은 다 멀리하고 일체 외도는 다 조복 받고 일체 번뇌에서 해탈하는 것이 마치 사자왕이 뭇 짐승들을 굴복시키는 것과 같아서 능히 일체 중생의 공양을 받아내게 되리라.

또 이 사람이 임종할 마지막 찰나에 육근(六根)11)은 모두 흩어지고 일체의 친족들은 모두 떠나고 위엄과 세력은 다 사라지고 정승 대신과 궁성 내외와 코끼리나 말이나 모든 수레와 보배와 재물 등 이러한 모든 것들은 하나도 따라오는 것이 없건만, 오직 이 원왕만은 서로 떠나지 아니하여 어느 때나 항상 앞길을 인도하여 일 찰나 동안에 극락세계에 왕생하고, 왕생하고는 즉시에 아미타불과 문수사

---

7) 산스크리트 kumbhaṇḍa의 음사. 사람의 정기를 먹는다는 귀신.
8) 산스크리트 piśaca의 음사. 사람의 정기나 피를 먹는다는 귀신.
9) 산스크리트 pūtana의 음사. 몸에서 나쁜 냄새가 나고 사람과 축생을 괴롭힌다는 귀신.
10) 부처님이 갖추고 있다는 서른두 가지 뛰어난 신체의 특징.
11) 대상을 감각하거나 의식하는 여섯 가지 기관·기능, 곧 안(眼)·이(耳)·비(鼻)·설(舌)·신(身)·의(意)를 말한다.

리보살과 보현보살과 관자재보살과 미륵보살 등을 뵈옵고, 이 모든 보살들이 몸매가 단정하고 엄숙하며 구족한 공덕으로 장엄하고 계시니 그때 그 사람 스스로가 연꽃 속에 태어났음을 보게 되고, 부처님의 수기12)를 받고 나서는 무수 백천만억 나유타 겁을 지내도록 시방의 불가설불가설 세계에 널리 다니며 지혜의 힘으로써 중생들의 마음을 따라 이익이 되게 하며, 머지않아 마땅히 보리도량13)에 앉아서 마군들을 항복받고 등정각을 성취하며 미묘한 법륜을 굴려서 능히 불찰 극미진수 세계의 중생으로 하여금 보리심을 발하게 하고, 그 근기와 성질에 따라 교화하여 성숙시키며 내지 한량없는 미래겁이 다하도록 널리 일체 중생을 이롭게 하리라.

선남자야, 저 모든 중생들이 이 대원왕(大願王)을 듣거나 믿거나 하고 다시 받아 가지고 읽고 외우며 널리 남을 위하여 설한다면, 이 사람의 지은 공덕은 부처님을 제하고는 아무도 알 사람이 없나니 그러므로 너희들은 이 원왕을 듣고 의심을 내지 말지니라.

마땅히 지성으로 받으며 받고는 능히 읽고 읽고는 능히 외우며 외우고는 능히 지니고 내지 베껴 써서 널리 남을 위하여 설한다면, 이 모든 사람들은 일념 간에 모든 행원을 다 성취하며, 그 얻은 복의 무더기는 한량이 없고 가이없어 능히 대번뇌 고해 중에 빠진 중생들을 제도하여 마침내 생사에서 벗어나 아미타불 극락세계에 왕생하게 하리라.



## 1. 보현행은 보살행

이제 마지막으로 보현행원 사상의 핵심을 분명히 파악하여 앞으

---

12) 부처님이 제자에게 미래에 성불할 것이라고 예언하는 것.
13) 부처님이 깨달음을 이룬 곳.

로는 우리도 보현보살처럼 보살행을 실천하는 보현행자가 되어야
겠다. 보현행원 사상의 핵심은 한마디로 행동을 강조하는 데 있다
고 생각한다. 그러나 보현보살의 행동은 우리들이 보통 말하는 행
동과는 상당히 다르다는 것을 주의해야 한다.

보현보살의 행동은 우리들이 이제까지 그런 식으로 살아왔으니
까 그저 옛날 했던 식으로 하는 습관적인 행동도 아니고, 요즘 남
들이 모두 다 그렇게 행동하니까 나도 또한 덩달아 그런다는 식의
부화뇌동(附和雷同)적인 행동도 아니고 내 욕심 때문에, 또는 나나
내편의 이익을 위해 남들과 싸우는 이익 추구적인 행동도 아니다.

보현보살의 행동은 철두철미하게 그의 간절한 소원에서 나온 행
동이다. 보현보살의 소원을 모르면 보현보살의 행동을 이해할 수
없다. 그러므로 보현보살의 소원이 무엇인가를 분명히 아는 것이
보현사상의 핵심을 바로 파악하는 길이라는 것을 말하고 싶다.

그럼 보현보살의 소원은 무엇인가?

첫째, 진리를 깨달은 사람에게 머리 숙여 공경할 수 있기를 간절
히 바라고,

둘째, 진리를 깨달은 사람을 소리 높여 칭찬할 수 있기를 간절히
바라고,

셋째, 진리를 깨달은 사람이 진리를 실천할 수 있도록 내가 가지
고 있는 모든 것을 다 바쳐 도와줄 수 있기를 바라고,

넷째, 내가 이제까지 저지른 모든 잘못된 일들을 피눈물로 참회
할 수 있기를 간절히 바라고,

다섯째, 남들이 잘한 일을 자기가 잘한 일처럼 기뻐할 수 있기를
간절히 바라고,

여섯째, 진리를 깨달은 사람에게 깨달은 진리를 나에게 가르쳐

주기를 간절히 바라고,

일곱째, 진리를 깨달은 사람이 이 세상에 오래오래 살아 계시기를 간절히 바라고,

여덟째, 항상 진리를 깨달은 사람을 따라 배우기를 간절히 바라고,

아홉째, 항상 일체 중생을 따라다니면서 그들이 잘되기를 간절히 바라고,

열째, 내가 지은 모든 공덕을 하나도 남김없이 일체 중생에게 돌리기를 간절히 바라는 것 등이 보현보살의 소원이다.

보현보살의 행동이란 바로 위의 열 가지 소원이 우리들이 사는 이 세계에서 현실적으로 실천되는 것을 의미한다. 거듭 말하지만 보현사상의 핵심은 보현보살의 위대한 행동을 그의 소원과의 관계 속에서 이해하는 데 있다고 본다. 우리는 보현보살의 행동이 보현보살의 커다란 소원에서 나온 행동임을 알아야 하며, 보현보살의 소원도 보현행으로 나타나는 소원임을 알아야 한다.

불교에서 행동은 자비라 부르고 소원은 지혜라 부른다. 자비 없는 지혜를 마른 지혜라고 욕하고 지혜 없는 자비를 맹목적인 사랑이라 하듯이, 행동 없는 소원은 공허(空虛)하기 쉽고 소원 없는 행동은 맹목적이기 쉽다. 이러한 잘못은 체(體)와 용(用)의 관계를 가지고 설명할 수도 있다. 마음속의 소원은 체(體)이고 밖으로의 행동은 용(用)이다. 소원 없는 행동은 체(體) 없는 용(用)과 같아서 일시적이기 쉽다. 행동 없는 소원은 용(用) 없는 체(體)와 같아서 그것은 공허한 망상에 불과하다.

## 2. 체용불이(體用不二)

이러한 보현사상을 가지고 우리 주변을 한번 살펴보자. 의외로

지혜와 자비를 겸한 사람이 매우 드물다. 체(體)와 용(用)이 둘이 아닌[體用不二]데도 체와 용을 겸하지 못하고 한쪽으로 치우친 사람이 많다.

보현사상으로 우리 한국의 역사를 돌아보아도 어느 한쪽에 치우친 역사였음을 쉽게 알 수 있다. 정치인들이 하는 말이나 행동은 흔히 지혜 없는 자비, 체(體) 없는 용(用), 소원 없는 행동과 같아서 속과 겉이 다르고 앞과 뒤가 안 맞고, 처음엔 권력을 잡기에 급급하고 권력을 잡은 다음에는 권력 유지에 급급하여 시종에 일관성이 없고 때에 따라 변한다. 이것은 양자를 겸하지 못하고 한쪽으로 치우쳐 있기 때문이다. 반면 종교인들은 말만이 자비롭고, 실지로 자비로운 행동이 없는 경우가 많은 것 같다. 그것도 역시 한쪽으로 치우친 것이다.

많은 불교인들이 지혜의 계발만을 위해 일생을 수도원 속에 갇혀 살고 한발도 중생 속으로 뛰어 들어가지 않는 것은 그 좋은 증거일 것이다. 체(體) 없는 용(用)이 없고, 용(用) 없는 체(體)가 없듯이 양자는 불가사리(不可捨離)이다. 지혜 없는 자비 없고, 자비 없는 지혜 없듯이 양자는 불가사리이다. 보현의 소원 없는 보현의 행동이 있을 수 없고, 보현의 행동 없는 보현의 소원이 있을 수 없듯이 양자는 불가사리이다. 우리는 양자의 관계가 불가사리임을 분명히 깨달아야 하겠다. 우리의 주변 사람들이 양자 가운데 어느 한쪽에 치우쳐 있고 우리의 역사 또한 그랬다는 것은 큰 잘못이라는 것을 하루 속히 깨달아야겠다.

동양의 옛날 전통적인 태도는 지혜와 소원의 체(體)만을 너무 강조한 나머지, 자비와 행동의 용(用)은 소홀히 했다. 반면 요즘은 서양 문화의 영향으로 그 반대 현상이 벌어지고 있다. 이것은 분명히 무언가가 잘못되고 있는 것이다. 하나만 하면 나머지는 저절로 된다고 생각할 때, 이미 둘 중에 하나만을 위하고 다른 하나는 버린 것이다.

이는 양자의 불가사리성(不可捨離性)을 등진 것이며, 곧 부처님이 깨달으신 연기법을 등진 것이다. 그것은 마치 정신과 육체가 둘이 아니지만 그렇다고 그 중의 어느 하나만을 강조할 때 우리는 곧 비인간화(非人間化)되는 것과 같다.

참선방에서 흔히 있는 일이지만 낮에 참선하는 거나, 밤에 잠자는 것이 둘이 아니라 하여 발심한 후 파랗게 독기가 오른 사람들이 참선만 하고 잠은 자지 않거나 몇 가지 불교교리만 배워 가지고 그걸로 자기 합리화를 일삼는 게으름뱅이들이 잠만 자고 참선하지 않는 경우를 본다.

양자가 다 어느 한쪽에 치우친 잘못된 경우이다. 분명 잠잘 때는 잠자고 참선할 때는 참선해야 한다. 육체가 굶주리면 밥 먹고 정신이 피곤하면 잠을 자서 육체와 정신을 쉬게 해야 한다.

불가사리(不可捨離)인 양자의 관계를 잘 실천한 최근의 사람은 간디(Gandhi)라고 생각한다. 사람들은 그가 낮에 한 남을 위한 봉사만을 보고 그가 밤에 한 지칠 줄 모르는 기도생활을 보지 않는다. 사실은 간디(Gandhi)의 조국과 동포를 위한 희생적인 봉사는 그의 피나는 자기 정화의 외적인 표출이다.

사실, 자기 정화 없는 중생 봉사는 없다. 이는 중생 봉사 없는 자기 정화와 똑같다. 만약 자기 정화만 하고 있으면 중생 봉사는 저절로 된다고 생각하거나 중생 봉사만 하고 있으면 자기 정화는 저절로 된다고 생각한다면 매우 잘못된 생각이다.

보현행원 사상의 핵심은 바로 여기에 있다고 생각한다. 보현보살의 소원과 그의 행동과의 관계도 이렇게 이해해야 된다고 본다. 부처님의 지혜와 자비의 관계나 체(體)와 용(用)의 관계도 마찬가지이다.

우리나라의 역사에서 이런 양자의 관계를 가장 잘 알고 가장 잘 실천한 사람이 원효(元曉)스님이라고 생각한다. 그의 보현보살의 실천은 미치지 않는 데가 없다. 그러나 그의 그 수많은 저서를 읽어보면 그렇게 심오할 수가 없다. 보현행을 한다고 무조건 뛰어만 다닌 사람이 아니다.

원효의 피를 잇고 법을 이은 오늘의 한국 불교인들은 원효의 정신을 망각하고 한쪽에 치우쳐 있다. 자비만 강조하여 지혜가 없거나 지혜만 강조하여 자비가 없기가 일쑤이다.

최근에는 만해가 모범을 보였다. 그의 시집과 논설을 통해서 그가 보여준 내면세계와 조국과 민족을 위해 고통의 현장에 나타나 일제에 저항한 것은 양면을 다 갖추고 인생을 인생답게 산 모범이라고 할 수 있을 것이다.

자비의 행동은 시대에 따라 달리 나타나는 법이다. 그럼 오늘을 사는 우리들은 어떻게 보현행을 해야 할까? 우리들이 살고 있는 21세기는 특히 우리들의 행동을 요청하는 시기이다. 그러기 때문에 지금 우리 주변에서는 행동을 강조하는 목소리가 높다. 알고도 행동하지 않는 사람들을 꾸짖는 비판이 날카롭다. 더구나 지금 우리 조국의 현실은 실로 암담하다. 우리 동포는 위기에 직면하여 불안에 떨고 있다. 열 가지를 알고도 행동하지 않는 사람보다도 한 가지를 알더라도 그것을 행동으로 실천하는 사람이 아쉽다.

민족 분단의 비극을 보고 나는 미국에 사니까 상관없어 하고 모른 체 한다든가 저임금과 장시간 노동에 신음하는 조국의 노동자와

부채에 허덕이는 농민들을 외면하는 것은 분명 반보현적인  비보살
행이다. 또 보현행을 한다고 밖으로 뛰어만 다니고 안으로 자기를
참회하며 정화시키는 내적 수도를 게을리 함도 반보현적 비보살행
이다. 어렵고 고통스런 길이지만 이 양자를 다 실천할 때 우리는
비로소 참된 보현행자가 될 수 있을 것이다.

# 중송(重頌)

■ 한역(漢譯)

爾時에 普賢菩薩摩訶薩이 欲重宣此義하야 普觀十方하고 而說偈言하시되

所有十方世界中의　　　三世一切人師子를

我以淸淨身語意하야　　一切遍禮盡無餘하며

普賢行願威神力으로　　普現一切如來前하며

一身復現刹塵身하야　　一一遍禮刹塵佛하며

於一塵中塵數佛이　　　各處菩薩衆會中커든

無盡法界塵亦然을　　　深信諸佛皆充滿하며

各以一切音聲海로　　　普出無盡妙言辭하야

盡於未來一切劫을　　　讚佛甚深功德海하며

以諸最勝妙華鬘과　　　伎藥塗香及傘蓋하야

如是最勝莊嚴具로　　　我以供養諸如來하며

最勝衣服最勝香과　　　末香燒香與等燭이

一一皆如妙高聚를　　　我悉供養諸如來하며

我以廣大勝解心하야　　深信一切三世佛하며

悉以普賢行願力하야　　普遍供養諸如來하며

我昔所造諸惡業이　　　皆由無始貪瞋癡라

從身語意之所生을　　　一切我今皆懺悔하며

十方一切諸衆生과　　　二乘有學及無學과

一切如来與菩薩의　　所有功德皆隨喜하며
十方所有世間燈과　　最初成就菩提者에
我今一切皆勸請하야　　轉於無上妙法輪하며
諸佛若欲示涅槃커든　　我悉至誠而勸請호대
唯願久住刹塵劫하야　　利樂一切諸衆生하소서
所有禮讚供養佛과　　請佛住世轉法輪과
隨喜懺悔諸善根을　　廻向衆生及佛道하며
我隨一切如來學하야　　修習普賢圓滿行하며
供養過去諸如來와　　及與現在十方佛과
未來一切天人師하야　　一切意樂皆圓滿하며
我願普隨三世學하야　　速得成就大菩提하며
所有十方一切刹　　廣大淸淨妙莊嚴에
衆會圍遶諸如來하야　　悉在菩提樹王下커든
十方所有諸衆生이　　遠離憂患常安樂하고
獲得甚深正法利하야　　滅除煩惱盡無餘하며
我爲菩提修行時에　　一切趣中成宿命하고
常得出家修淨戒하야　　無垢無破無穿漏하며
天龍夜叉鳩槃茶와　　乃至人與非人等과
所有一切衆生語로　　悉以諸音而說法하며
勤修淸淨波羅蜜하야　　恒不忘失菩提心하고
滅除障垢無有餘하야　　一切妙行皆成就하며
於諸惑業及魔境과　　世間道中得解脫을
猶如蓮華不著水하고　　亦如日月不住空하며
悉除一切惡道苦하고　　等與一切群生樂을
如是經於刹塵劫하야　　十方利益恒無盡하며
我常隨順諸衆生호대　　盡於未來一切劫하며

恒修普賢廣大行하야　圓滿無上大菩提하며
所有與我同行者는　於一切處同集會하며
身口意業皆同等하야　一切行願同修學하며
所有益我善知識이　爲我顯示普賢行커든
常願與我同集會하야　於我常生歡喜心하며
願常面見諸如來　及諸佛子衆圍遶하고
於彼皆興廣大供을　盡未來劫無疲厭하며
願持諸佛微妙法하야　光顯一切菩提行하며
究竟清淨普賢道를　盡未來劫常修習하며
我於一切諸有中에　所修福智恒無盡하며
定慧方便及解脫로　獲諸無盡功德藏하며
一塵中有塵數刹하고　一一刹有難思佛한대
一一佛處衆會中에　我見恒演菩提行하며
普盡十方諸刹海와　一一毛端三世海와
佛海及與國土海에　我徧修行經劫海하며
一切如來語清淨이라　一言具衆音聲海하고
隨諸衆生意樂音이　一一流佛辯才海한대
三世一切諸如來　於彼無盡語言海로
恒轉理趣妙法輪커든　我深智力普能入하며
我能深入於未來하야　盡一切劫爲一念하고
三世所有一切劫을　爲一念際我皆入하며
我於一念見三世　所有一切人師子하고
亦常入佛境界中　如幻解脫及威力하며
於一毛端極微中에　出現三世莊嚴刹커든
十方塵刹諸毛端에　我皆深入而嚴淨하며
所有未來照世燈이　成道轉法悟群有하고

究竟佛事示涅槃커든　　我皆往詣而親近하며
速疾周徧神通力과　　普門徧入大乘力과
智行普修功德力과　　威神普覆大慈力과
徧淨莊嚴勝福力과　　無著無依智慧力과
定慧方便威神力과　　普能積集菩提力과
清淨一切善業力으로　　摧滅一切煩惱力하고
降伏一切諸魔力하며　　圓滿普賢諸行力하야
普能嚴淨諸刹海하고　　解脫一切衆生海하며
善能分別諸法海하고　　能甚深入智慧海하며
普能清淨諸行海하고　　圓滿一切諸願海하며
親近供養諸佛海하야　　修行無倦經劫海하며
三世一切諸如來의　　最勝菩提諸行願을
我皆供養圓滿修하야　　以普賢行悟菩提하리
一切如來有長子하니　　彼名號曰普賢尊이라
我今廻向諸善根하노니　　願諸智行悉同彼어다
願身口意恒清淨하고　　諸行刹土亦復然이라
如是智慧號普賢이니　　願我如彼皆同等하며
我爲徧淨普賢行과　　文殊師利諸大願하야
滿彼事業盡無餘하고　　未來際劫恒無倦하며
我所修行無有量하야　　獲得無量諸功德하며
安住無量諸行中하야　　了達一切神通力하며
文殊師利勇猛智와　　普賢慧行亦復然이라
我今廻向諸善根하노니　　隨彼一切常修學이어다
三世諸佛所稱歎인　　如是最勝諸大願을
我今廻向諸善根은　　爲得普賢殊勝行이라
願我臨欲命終時에　　盡除一切諸障碍하고

面見彼佛阿彌陀하야　　卽得往生安樂刹하며
我旣往生彼國已에　　現前成就此大願하고
一切圓滿盡無餘하야　　利樂一切衆生界하며
彼佛衆會咸淸淨이어든　　我是於勝蓮華生하야
親覩如來無量光하고　　現前授我菩提記하며
蒙彼如來授記已하고　　化身無數百俱胝하며
智力廣大徧十方하야　　普利一切衆生界하여지이다
乃至虛空世界盡하고　　衆生及業煩惱盡하며
如是一切無盡時라　　我願究竟恒無盡하리
十方所有無邊刹의　　莊嚴衆寶供如來하고
最勝安樂施天人하야　　經一切刹微塵劫이라도
若人於此勝願王에　　一經於耳能生信하고
求勝菩提心渴仰하면　　獲勝功德過於彼라
卽常遠離惡知識하고　　永離一切諸惡道하며
速見如來無量光하야　　具此普賢最勝願하니
此人善得勝壽命하며　　此人善來人中生하며
此人不久當成就하야　　如彼普賢菩薩行하리
往昔由無智慧力하야　　所造極惡五無間도
誦此普賢大願王하면　　一念速疾皆消滅하며
族姓種類及容色과　　相好智慧咸圓滿하니
諸魔外道不能摧라　　堪爲三界所應供하며
速詣菩提大樹王하야　　坐已降伏諸魔衆하고
成等正覺轉法輪하야　　普利一切諸含識하리
若人於此普賢願에　　讀誦受持及演說하면
果報唯佛能證知라　　決定獲勝菩提道하리
若人誦此普賢願의　　我說少分之善根컨댄

一念一切悉皆圓<sub>하야</sub>　　成就衆生淸淨願<sub>이라</sub>
我此普賢殊勝行<sub>의</sub>　　無邊勝福皆廻向<sub>하노니</sub>
普願沈溺諸衆生<sub>이</sub>　　速往無量光佛刹<sub>이어다</sub>


爾時<sub>에</sub> 普賢菩薩摩訶薩<sub>이</sub> 於如來前<sub>에</sub> 說此普賢廣大願王 淸淨偈已<sub>하</sub>시니 善財童子<sub>는</sub> 踊躍無量<sub>하고</sub> 一切菩薩<sub>은</sub> 皆大歡喜<sub>하며</sub> 如來讚言<sub>하시되</sub> 善哉善哉<sub>라</sub>

爾時<sub>에</sub> 世尊<sub>과</sub> 與諸聖者菩薩摩訶薩<sub>이</sub> 演說如是 不可思議解脫境界勝法門時<sub>에</sub> 文殊師利菩薩<sub>로</sub> 而爲上首<sub>하는</sub> 諸大菩薩<sub>과</sub> 及所成熟<sub>인</sub> 六千比丘<sub>와</sub> 彌勒菩薩<sub>로</sub> 而爲上首<sub>하는</sub> 賢劫一切諸大菩薩<sub>과</sub> 無垢普賢菩薩<sub>로</sub> 而爲上首<sub>하는</sub> 一生補處<sub>며</sub> 住灌頂位<sub>인</sub> 諸大菩薩<sub>과</sub> 及餘十方種種世界<sub>에서</sub> 普來集會<sub>인</sub> 一切刹海極微塵數 諸菩薩摩訶薩衆<sub>과</sub> 大智舍利弗<sub>과</sub> 摩訶目犍連等<sub>으로</sub> 而爲上首<sub>하는</sub> 諸大聲聞<sub>과</sub> 幷諸人天 一切世主<sub>와</sub> 天龍 夜叉<sub>와</sub> 乾闥婆 阿修羅 迦樓羅 緊那羅 摩睺羅伽 人非人等 一切大衆<sub>이</sub> 聞佛所說<sub>하고</sub> 皆大歡喜<sub>하야</sub> 信受奉行<sub>하니라</sub>



## ■ 국역(國譯)

그때 보현보살마하살이 이 뜻을 거듭 말씀하시고자 널리 시방을 관하시고 게송을 설하셨다.


| 니가없는 | 시방세계 | 그가운데 |
| --- | --- | --- |
| 과거현재 | 미래의 | 부처님들께 |
| 맑고맑은 | 몸과말과 | 뜻을기울여 |
| 빠짐없이 | 두루두루 | 예경하옵되 |
| 보현보살 | 행원의 | 위신력으로 |

널리일체　여래전에　몸을나투고
한몸다시　찰진수효　몸을나투어
찰진수불　빠짐없이　예경합니다

일미진중　미진수효　부처님계셔
곳곳마다　많은보살　모이시었고
무진법계　미진에도　또한그같이
부처님이　충만하심　깊이믿으며
몸몸마다　한량없는　음성으로써
다함없는　묘한말씀　모두내어서
오는세상　일체겁이　다할때까지
부처님의　깊은공덕　찬탄합니다

아름답기　으뜸가는　여러꽃타래
좋은풍류　좋은향수　좋은일산들
이와같은　가장좋은　장엄구로써
시방삼세　부처님께　공양하오며
으뜸가는　좋은의복　좋은향들과
가루향과　꽂는향과　등과촛불의
낱낱것을　수미산의　높이로모아
일체여래　빠짐없이　공양하오며
넓고크고　수승하온　이내슬기로
시방삼세　부처님을　깊이믿삽고
보현보살　행원력을　모두기울여
일체제불　빠짐없이　공양합니다

지난세상　지은바　모든악업은

무시이래    탐심진심    어리석음이
몸과말과    뜻으로      지었음이라
내가이제    남김없이    참회합니다
시방삼세    여러종류    모든중생과
성문연각    유학무학    여러이승과
일체의      부처님과    모든보살의
지니옵신    온갖공덕    기뻐합니다

시방세계    계옵시는    세간등불과
가장처음    보리도를    이루신님께
위없는      묘한법문    설하시기를
내가이제    지성다해    권청합니다

부처님이    반열반에    들려하시면
찰진겁을    이세상에    계시오면서
일체중생    이락하게    살펴주시길
있는지성    기울여서    권청합니다

예경하고    찬양하고    공양한복덕
오래계셔    법문하심    청하온공덕
기뻐하고    참회하온    온갖선근을
중생들과    보리도에    회향합니다

내가여러    부처님을    따라배우고
보현보살    원만행을    닦고익혀서
지난세상    시방세계    부처님들과
지금계신    부처님께    공양하오며

여러가지    즐거움이    원만하도록
오는세상    부처님께    공양하옵고
삼세의      부처님을    따라배워서
무상보리    속히얻기    원하옵니다


시방세계    일체의      모든세계의
넓고크고    청정한      묘장엄속에
모든여래    대중에게    위요되시며
큰보리수    아래에      계시옵거든
시방세계    온갖종류    모든중생이
근심걱정    다여의어    항상즐겁고
심히깊은    바른법문    공덕받아서
모든번뇌    남김없이    없애지이다


내가보리    얻으려고    수행할때에
나는국토    어디서나    숙명통얻고
날때마다    출가하여    계행을닦아
깨끗하고    온전하여    새지않으리


천과용과    야차들과    구반다들과
사람들과    사람아닌    이들에까지
그네들이    쓰고있는    여러말로써
가지가지    소리로      설법하오며


청정하온    바라밀을    힘써닦아서
어느때나    보리심을    잊지않으며
모든업장    모든허물    멸해버리고

일체의 　　묘한행을 　　성취하오며

연꽃잎에 　　물방울이 　　붙지않듯이
해와달이 　　허공에 　　　머물잖듯이
어두운맘 　　미욱한업 　　마경계라도
세간살이 　　그속에서 　　해탈얻으리
일체악도 　　온갖고통 　　모두없애고
중생에게 　　즐거움을 　　고루주기를
찰진겁이 　　다하도록 　　쉬지않으며
시방중생 　　위하는일 　　한이없으리

어느때나 　　중생들을 　　수순하면서
오는세상 　　일체겁이 　　다할때까지
보현보살 　　광대행을 　　항상닦아서
위없는 　　　대보리를 　　원만하리라

나와같이 　　보현행을 　　닦는이들은
어느때나 　　같은곳에 　　함께모이어
몸과말과 　　뜻의업이 　　모두같아서
일체행원 　　다같이 　　　닦아지오며
바른길로 　　나를돕는 　　선지식께서
우리에게 　　보현행을 　　이르시거든
어느때나 　　나와같이 　　함께모여서
어느때나 　　환희심을 　　내어지이다

원합노니 　　모든여래 　　모든불자에
둘리워서 　　계시옴을 　　항상뵈옵고

광대하온    공양을      항상올리되
미래겁이    다하여도      피염1)없으며


제불세존    미묘법문      모두지니고
일체의      보리행을      빛내오면서
구경으로    청정하온      보현의도를
미래겁이    다하도록      닦아지이다
시방법계    넓은세상      중생속에서
내가짓는    복과지혜      한정이없고
정과혜와    모든방편      해탈삼매로
한량없는    모든공덕      모두이루리


일미진중    미진수효      세계가있고
세계마다    한량없는      부처님계셔
곳곳마다    많은대중      모인가운데
보리행을    연설하심      항상뵈오며


한량없는    시방법계      모든세계와
털끝마다    과현미래      삼세의바다
한량없는    부처님과      많은국토에
두루두루    무량겁을      수행하오리


일체여래    말씀하심      청정함이여
한말씀속    여러가지      음성갖추고
모든중생    뜻에맞는      좋은음성이

-------------------------------------------------

1) 피염(疲厭). 지치거나 싫증이 남.

음성마다    부처님의    변재이시라
시방세계    과현미래    여래께서는
어느때나    다함없는    그말씀으로
깊은이치    묘한법문    설하시거든
나의깊은    지혜로써    요달하리라


나는오는    세상까지    깊이들어가
일체겁을    다하여     일념만들고
과거현재    미래의     일체겁중에
한생각     즈음2)으로   다들어가며


일념으로    과현미래    삼세가운데
계시옵는    인사자3)님   모두뵈옵고
부처님     경계중의    환과도같은
자재해탈    모든위력    수용하오며


한터럭     끝에있는    극미진중에
과현미래    장엄세계    나타내이고
시방법계    미진세계    모든털끝도
모두깊이    들어가서    엄정하오리


오는세상    시방법계    조세등4)께서
성도하고    설법하고    교화하시며
하옵실일    마치시고    열반들려면

---

2) 한 생각이 일어나는 근원·바탕.
3) 인사자(人師子). 부처님을 뭇 짐승의 왕인 사자에 비유한 말.
4) 조세등(照世燈). 부처님을 '세간을 비추는 등불'에 비유하였다.

내가두루    나아가서    섬기오리다

일념에서    두루하는    신통의힘과
일체문에    다통하는    대승의힘과
지와행을    널리닦는    공덕의힘과
위신으로    널리덮는    자비의힘과

청정장엄    두루하는    복덕의힘과
집착없고    의지없는    지혜의힘과
정과혜의    모든방편    위엄의힘과
넓고널리    쌓아모은    보리의힘과
일체것이    청정하온    선업력으로

일체의    번뇌의힘    멸해버리고
일체의    마군의힘    항복받아서
일체의    모든행력    원만히하여
한량없는    모든세계    엄정히하며
한량없는    모든중생    해탈케하며
한량없는    모든법을    잘분별하여
한량없는    지혜바다    요달하오며
한량없는    모든행을    청정히하며
한량없는    모든원을    원만히하며
일체여래    친근하고    공양하면서
무량겁을    부지런히    수행하옵고

과거현재    미래세    일체여래의
위없는    보리도인    모든행원을

남김없이    공양하고    원만히닦아
보현보살    큰행으로    보리이루리


일체여래    부처님의    맏아드님은
그이름     거룩하신    보현보살님
내가지금    온갖선근    회향하오니
지와행이    나도저와    같아지이다


몸과말과    뜻의업이    항상깨끗하고
모든행과    국토도     다시그러한
이러하온    지혜가     보현이시니
바라건대    나도저와    같아지이다


일체에     청정하온    보현의행과
문수사리    법왕자5)의   모든대원의
온갖사업    남김없이    원만히닦아
미래제가    다하도록    끊임없으며
한량없는    많은수행    모두닦아서
한량없는    많은공덕    모두이루고
한량없는    모든행에    머물러있어
한량없는    신통묘용    요달하오며


문수사리    법왕자의    용맹지혜도
보현보살    지혜행도    다그러시니
모든선근    내가이제    회향하여서

---

5) 부처님을 법왕(法王)이라 하고, 보살을 법왕자라 한다.

저를따라    일체를      항상배우리


삼세여래    부처님이    칭찬하시는
이와같은    위없는      모든대원에
내가이제    온갖선근    회향하옴은
수승하온    보현행을    얻고잡니다


원합노니    이목숨이    다하려할때
모든업장    모든장애    다없어져서
찰나중에    아미타불    친견하옵고
그자리서    극락세계    얻어지이다


나의몸이    저세계에    가서나고는
그자리서    이대원을    모두이루고
온갖것을    남김없이    원만히이뤄
일체중생    이롭도록    하여지오며


저부처님    회상은      청정하시니
내가그때    연꽃속에    태어나서
무량광      부처님을    친견하옵고
그자리서    보리기[6)]    받아지오며


부처님의    수기를      받자옵고는
수없는      백구지[7)]의  화신을내고

---

6) 보리기(菩提記). 수기(授記)를 말한다. 부처님이 제자에게 미래에 깨달을 것이
   라고 예언하는 것.
7) 구지(俱胝). 산스크리트 koṭi의 음사로, 천만을 뜻한다.

지혜의힘　　광대하여　　시방에퍼져
일체중생　　이롭도록　　하여지이다


허공계가　　다하고　　　중생다하고
업과번뇌　　다하면　　　모르거니와
이와같은　　일체것이　　다함없을새
나의원도　　마침내　　　다함없으리


가없는　　　시방국토　　장엄하온바
온갖보배　　부처님께　　공양하옵고
일체세계　　인천대중　　미진겁토록
가장좋은　　안락으로　　보시한대도
어떤사람　　수승하온　　보현원왕을
한번듣고　　마음에서　　믿음을내고
무상보리　　구할생각　　간절만하면
이사람이　　얻는공덕　　저것보다나으니
간데마다　　나쁜벗을　　멀리여의며
영원토록　　모든악도　　만나지않고
무량광　　　부처님을　　속히뵈어서
위없는　　　보현원을　　모두갖추리


이사람은　　길이길이　　수명얻으며
난데마다　　항상좋은　　사람몸받고
머지않아　　마땅히　　　보현보살의
크고넓은　　보살행　　　성취하리라

지난날에  어리석고  지혜없어서
무간지옥  빠질중죄  지었더라도
보현행원  대원왕을  읽고외우면
일념간에  저중죄가  소멸하리니

날적마다  좋은가문  좋은얼굴과
좋은상호  밝은지혜  원만하여서
모든마와  외도들이  범접못하니
삼계중생  온갖공양  능히받으며

오래잖아  보리수  밑에나아가
파순8)이도  마군증도  항복받고서
무상정각  성취하고  법을설하여
모든중생  빠짐없이  이익주리라

누구든지  보현원을  읽고외우고
받아갖고  대중위해  연설한다면
그과보는  부처님만  능히아시니
어김없이  무상보리  얻게되리라

어떤사람  보현원을  능히외우는
  그선근의  소분만을  말씀한다면
  일념간에  일체공덕  원만하여서
  중생들의  청정원을  성취하리라

---

8) 파순(波旬). 산스크리트 pāpīyas의 음사로, 부처님과 그의 제자들의 수행을 방
   해한 마왕(魔王).

내가지은    수승하온    보현행의
가-없는    수승한복    회향하오니
바라건대    고해중의    모든중생이
하루속히    극락세계    얻어지이다


그때 보현보살마하살이 부처님 앞에서 이 넓고 큰 보현원왕의 청
정 게송을 설하시니, 선재동자는 한량없이 뛸 듯 기뻐하였고 일체
보살들은 모두 크게 환희하였으며 여래께서는 "옳다, 옳다" 하시며
칭찬하시었다.

그때 세존께서 거룩하옵신 여러 보살마하살과 더불어 이와 같은
불가사의 해탈 경계의 수승한 법문을 연설하실 적에 문수사리보살
을 상수로 하는 대보살들과 그 보살들이 성숙하신바 육천의 비구들
과 미륵보살을 상수로 하는 현겁9)의 일체 대보살들이시며, 무구보
현보살을 상수로 하는 일생보처이시며, 관정위10)에 이르신 대보살
들과 널리 시방 여러 세계에서 모이신 일체 찰해 극미진수의 모든
보살마하살과 대지사리불 마하목견련 등을 상수로 하는 대성문들과
인간과 천상과 세간의 모든 임금과 하늘과 용과 야차와 건달바11)와
아수라와 가루라12)와 긴나라13)와 마후라가14)와 인비인 등 일체 대

---

9) 현겁(賢劫). 현재의 1대겁(大劫)으로, 이 기간에 수많은 현인(賢人)들이 나타
   나 중생을 구제한다고 하여 이와 같이 일컫는다.
10) 보살이 수행 과정에서 거치는 십지(十地)의 마지막 단계인 법운지(法雲地)를
    말한다.
11) 산스크리트 gandharva의 음사로, 제석(帝釋)을 섬기며 음악을 연주하는 신
    (神)으로 향기만 먹고 산다고 한다.
12) 산스크리트 garuda의 음사로, 금시조(金翅鳥)라고 한다. 조류(鳥類)의 왕으로
    용을 잡아먹고 산다는 거대한 상상의 새.
13) 산스크리트 kiṃnara의 음사로, 노래하고 춤추는 신(神)으로 형상은 사람인지
    아닌지 애매하다고 한다.
14) 산스크리트 mahoraga의 음사로, 몸은 사람과 같고 머리는 뱀과 같은 형상을
    한 음악의 신(神). 또는 땅으로 기어 다닌다는 거대한 용(龍).

중들이 부처님의 말씀을 듣고 다들 크게 환희하고 믿고 받아 받들
어 행하였다.

# 제 2 부

# 보현행자의 노래

산마루에 걸린 달은 운문스님 호떡이요
집 뒤 솔바람은 조주스님 차 달이는 소리
그 중에 어떤 것이 佛法인가 묻는다면
구월 철 국화꽃은 구월에만 핀다 하리.

---

山頭月掛雲門餅
屋後松煎趙州茶
介中何者眞三昧
九月菊花九月開

# 보현행자의 서원

글 | 광덕스님

## 1. 서분(序分)

부처님은 끝없는 하늘이시고, 깊이 모를 바다이십니다.

생각할 수 없는 청정공덕을 햇살처럼 끊임없이 부어 주십니다. 나의 마음, 나의 집안, 우리 사회, 구석구석에 또한 온 겨레, 온 중생, 가슴속에 한없이 한없이 고루 부어 주십니다.

온 중생 온 세계 온 우주는 부처님의 자비하신 은혜 속에 감싸여 있습니다. 부처님의 거룩하신 은혜는 나의 생명과 우리 국토 온 세계에 넘치고 있습니다. 모든 중생이 부처님의 은혜로운 공덕을 받고서 태어났으며, 은혜로운 공덕을 받아 쓰면서 생활합니다. 온 중생은 모두가 일찍이 축복 받은 자이며, 일찍이 거룩한 사명을 안고 이 땅에 태어나서 거룩한 삶의 역사를 열어가고 있습니다.

이와 같이 거룩한 광명과 은혜로 살고 있으면서 이 사실을 모르고 있는 자를 중생이라 하였습니다. 저들은 지혜의 눈이 없다 하기보다 착각을 일으켜 육체를 자기로 삼고, 듣고 보는 물질로써 세계를 삼으며, 거기서 얻은 생각으로 가치를 삼고, 그것을 추구합니다. 그렇기 때문에 중생세계는 겹겹으로 장벽에 싸여 있고 사람과 사람

사이는 막혀 있으며 중생들은 헤아릴 수 없는 고통에 감겨 지냅니
다.

이 모두가 미혹의 탓이며, 착각으로 말미암아 자기를 그릇 인정
한 데에 기인합니다. 그렇지만 이 국토는 원래 부처님 공덕이 넘쳐
있습니다. 설사, 중생들이 미혹해서 잘못 보고, 잘못 생각하고, 고
통을 느끼더라도 실로 우리와 우리의 국토가 부처님의 광명국토임
은 변하지 않았습니다. 거룩한 광명과 거룩한 공덕이 영원히 변함
없이 이 세계를 감쌌고, 그 속에 온 중생이 끝없는 은혜를 지닌 채
약여(躍如)합니다.


이 세상이 우리 눈에 어떻게 나타나 보이더라도, 이 마음에 어떻
게 느껴지더라도, 저희들은 부처님의 무량공덕장 세계를 의심하지
않겠습니다. 온 세계 가득히 넘쳐 있는 거룩한 공덕을 결코 의심하
지 않겠습니다.

거룩하신 대보살들과 모든 중생들이, 부처님의 거룩하신 마음속
에 하나인 것을 굳게 믿사옵니다. 일체 중생의 본성이 불성이므로
온갖 중생의 생명이 부처님의 공덕생명임을 믿사오며, 중생들이 이
참 생명을 믿고 구김없이 씀으로써, 한량없는 새로운 창조가 열리
는 것을 굳게 믿사옵니다.


보현보살께서 말씀하신 십종행원은 부처님의 무량공덕을 우리의
현실 위에 발휘하는 최상의 지혜행입니다. 행원을 실천하는 데서
우리와 우리의 가정과 우리의 사회 위에 생명의 참 가치가 구현되
며, 우리 국토 위에 불국토의 공덕장엄이 구현됩니다.

보현행원은 부처님의 무량공덕세계를 여는 열쇠입니다. 열 가지

문은 하나로 통해 있습니다. 한 가지를 행하여도 부처님의 온전한 공덕은 넘쳐 나옵니다. 행원의 실천은 우리가 자기 생명의 문을 여는 일입니다. 나의 생명 가득 부어져 있는 부처님 공덕을 발휘하는 거룩한 기술입니다. 나의 생명을 부처님 태양 속에 바로 세우는 일이며, 내 생명에 깃든 커다란 위력을 퍼내는 생명의 숨결이며, 박동(拍動)입니다.

그렇기 때문에 행원에는 목적이 없습니다. 어떠한 공덕을 바라거나, 부처님의 은혜를 바라거나, 이웃이 알아주기를 바라거나, 내지 성불하기를 바라지 않습니다. 행원 자체가 목적입니다. 행원은 나의 생명의 체온이며 숨결인 까닭에 나는 나의 생명껏 행원으로 살고 기뻐하는 것뿐입니다.

나의 생명은 행원으로 끝없는 힘을 발휘합니다. 출렁대는 바다의 영원과 무한성을 생명에 받으며, 무가보(無價寶)가 흐르는 복덕의 대하(大河)가 생명에 부어집니다.

나의 참생명의 파동이 행원인 까닭에 나의 생명이 끝이 없고 영원하듯이 나의 행원도 끝이 없고 영원합니다. 허공계가 다하고, 중생계가 다하고, 중생의 업이 다하고, 중생의 번뇌가 다하더라도, 나의 생명행원은 다함이 없습니다.


보현행원은 나의 영원한 생명의 노래이며, 나의 영원한 생명의 율동이며, 나의 영원한 생명의 환희이며, 나의 영원한 생명의 위덕이며, 체온이며, 광휘이며, 그 세계입니다.

나는 이제 불보살님 전에 나의 생명 다 바쳐서 서원합니다.

보현행원을 실천하겠습니다. 보현행원으로 보리를 이루겠습니다. 보현행원으로 불국토를 성취하겠습니다.

대자대비 세존이시여, 저희들의 이 서원을 증명하소서.

## 2. 예경분(禮敬分)

부처님께 예경하겠습니다.

일체 세계 일체 국토에 계시는 미진수(微塵數) 부처님께 예경하겠습니다.

혹은 보살신으로 나투시고, 혹은 부모님으로 나투시고, 혹은 형제나 착한 이웃으로 나투시고, 혹은 거친 이웃이나 대립하는 이웃으로 나타나시는 자비하신 부처님께 빠짐없이 예경하겠습니다. 아무리 모나게 나에게 대하여 오고, 아무리 억울하고 다시 어려운 일을 나에게 몰고 오더라도, 거기서 자비하신 부처님을 보겠습니다. 나를 키우시려는 극진하신 자비심에서 나의 온갖 일을 다 살펴주시고, 천만가지 방편을 베푸시어 자비하신 은혜로 나에게 대하여 오시는, 나를 둘러싼 수많은 부처님. 비록 형상과 나툼이 아무리 거칠더라도 진정 곡진하신 자비심을 깊이 믿고 감사하겠사오며 그 모든 부처님을 공경하겠습니다. 온갖 방편 다 기울여서 영원한 미래가 다하도록 예경하겠습니다.

부모님과 형제 이웃과 벗, 온 겨레와 중생이 기실 부처님 아니신 분 없으십니다. 끝없고 한없는 공덕을 갖추지 않으신 분 없으십니다. 이 모든 거룩한 임께 내 지극정성 다 바쳐서 예경하겠습니다. 그리고 이 사회, 이 국토, 이 질서 속에서 이와 같은 불성(佛性)인간의 존엄과 신성이 보장되고 그가 지닌 지고(至高)한 가치와 능력과 덕성이 발휘되도록 힘쓰겠습니다.

## 3. 찬양분(讚揚分)

모든 부처님을 찬양하겠습니다.

부처님의 대지혜와 대자비의 끝없는 큰 공덕을 찬양하겠습니다. 부처님이 지니신 바 거룩하온 서원력은 일체 세계 일체 시간을 덮고 있사오며 저희들은 온갖 지혜, 온갖 힘을 다 기울여도 그 작은 부분조차 생각할 수 없사오니 오직 있는 정성 모두 바쳐 끝없는 서원력을 찬양하겠습니다.

일체 중생 모두가 또한 부처님의 공덕을 모두 갖추었으니 일체 중생이 갖춘 그 모든 공덕을 찬양하겠습니다. 겉모양이 비록 가지가지 중생상을 보일지라도 그것은 모두가 허망한 그림자이며 나를 위한 방편시현이십니다. 실로 모든 중생이 진정 중생이 아니며 부처님의 거룩하신 공덕을 구족하게 갖추고 있사옵니다. 지극히 지혜롭고 지극히 자비하고 온갖 능력 다 갖추었으며 온갖 공덕 다 이루어 원만하고 자재하니 이것이 일체 중생의 참모습이옵니다.

저희들은 이 모든 중생과 그가 지닌 한량없는 공덕을 찬양하겠습니다. 결코 중생이라 낮춰 말하지 않겠습니다. 비방하거나, 어리석다 하거나, 무능하다 하거나, 불행하다 하거나, 미래가 어둡다고 말하지 않겠습니다. 부처님께서 완전하심과 같이 일체 중생이 원만한 덕성임을 믿사오며 그 모두를 항상 찬양하겠습니다.

끝없는 은혜를 주시는 부처님이 항상 우리 주변에 계시어서, 혹은 부모님이기도 하고, 아내나 남편이기도 하고, 형제가 되기도 하고, 이웃이나 벗이나 같은 겨레가 되어서, 언제나 끝없는 은혜를 부어 주고 계시며, 이 땅위에 부처님 광명세계를 이룩하기 위하여 큰 위신력을 떨치고 계심을 깊이 믿고, 저 모든 부처님을 미래세가 다 하도록 찬양하겠습니다.

일체 세계에 극미진수 부처님이 계시고, 그 낱낱 부처님 계신 곳마다 한량없는 보살들이 둘러계심을 깊이 믿사오며, 눈앞에 대하듯 정성 기울여 찬양하겠습니다.


중생과 세계의 나타난 현상이 아무리 거칠고 부정하게 보이더라도, 실상은 청정하고 원만하오니 저는 결정코 중생과 세계의 실상을 찬양하고 긍정하는 말을 하겠습니다.

참된 진리의 모습을 깊이 믿고 그대로를 말하는 것이 실상의 말이며, 참된 말이며, 올바르게 찬양하는 말인 것을 깊이 믿습니다. 그리고 이와 같이 믿고 찬양하는 참말은 위대한 성취력을 지니며 창조의 힘을 나타냄을 깊이 믿습니다. 그리하여 저희들이 닦는바 찬양하는 행원은 이것이 이 세상에 평화와 번영과 청정과 협동을 실현하는 심묘한 작법임을 믿습니다. 저희들은 이 찬양하는 행원으로 우리의 마음과 우리의 세계에 실상공덕을 구현시키겠사오며 우리들이 바라온 바 보살의 국토를 성취하고 우리의 일상생활 속에서 필요한 낱낱 소망을 성취하겠습니다.


말은 이것이 위대한 창조의 힘을 지니고 있사온 바 저희들은 참된 말을 바로 써서 말의 위력을 실현하겠습니다. 결코 거짓말을 하지 않겠사오며, 나쁜 말을 하지 않겠사오며, 참된 말만을 하겠습니다. 결코 소극적이며, 부정적이며, 비관적인 말을 하지 않겠습니다.

진리의 참 모습이 적극적이며, 활동적이며, 원만하며, 영원하기 때문입니다. 변재천녀는 미묘한 말과 음성을 내겠지만, 저희들은 그보다도 참된 말을 하고 부처님의 참된 공덕세계를 믿고 긍정하고 찬양하는 말을 하겠습니다.

## 4. 공양분(供養分)

널리 공양하겠습니다. 시방세계 일체처에 미진수의 부처님들이 계시고 한량없는 보살들이 함께 계심을 깊이 믿사오며 눈앞에 대한 듯 분명한 지견으로 모든 불보살님께 공양하겠습니다. 음식으로 공양하겠습니다. 꽃과, 향과, 음악과, 의복과, 의약과, 방사와 그밖의 모든 공양구로 항상 공양하겠습니다.

공양은 이것이 부처님께서 주신 바 무량복덕의 문을 활짝 여는 길임을 믿습니다. 저희들은 간탐심과 애착심으로 인하여 참된 공양을 행하지 못하였고 설사 약간의 공양을 한다 하더라도 이유와 조건을 붙인 공양이었습니다. 그러므로 그 과보는 가난하고 물질생활에서 부자유하며 제한을 많이 받고 있사옵니다. 저희들은 이제 공양을 행하되 마음의 문이 활짝 열리도록 아낌없이 바람 없이 지성껏 공양하겠습니다. 정성 바쳐 공양함으로써 애착과 간탐심의 작은 뿌리들을 하나하나 뽑겠습니다. 부처님의 무량복덕이 우리 생명에 흘러오는 것을 가로막고 있는 마음의 장벽들이 모두 다 무너지도록 청정한 마음으로 공양하겠습니다.

부처님께 공양하겠습니다. 부모님과 형제와 모든 이웃에게 공양하겠습니다. 부처님께 공양하듯 차별 없이 정성 다 바쳐서 공양하겠습니다. 저희들의 이와 같은 공양은 저희들을 가난하게 만들고

부자유스럽게 만드는 모든 요인을 남김없이 타파하여 우리의 생명
위에 부처님의 무량공덕이 시원스레 물결쳐 흘러 들어오게 함을 믿
사옵니다.

  법공양에 힘쓰겠습니다. 부처님 말씀대로 수행하는 공양과, 중생
들을 이롭게 하는 공양과, 중생을 섭수하는 공양과, 중생의 고를 대
신 받는 공양과, 선근을 부지런히 닦는 공양과 보살업을 버리지 않
는 공양과, 보리심을 여의지 않는 공양을 닦겠습니다.

  재물을 베풀어 공양하면 복덕의 종자를 심는 것이며 복덕의 문
이 열려옵니다. 이것은 중생의 육체생명을 키워 주는 소중한 조건
이옵니다. 또한 법공양을 행하면 행하는 자와 공양 받는 자가 다
함께 법신생명이 성장하오며 무량한 법신공덕이 넘쳐오고 그 국토
에 찬란한 법성광명이 빛나게 됩니다. 그러므로 법공양을 행하는
공덕이 얼마만한가를 부처님께서도 다 말씀하지 못하십니다.

  부처님께서는 무엇보다 법을 존중히 하십니다. 법공양을 행하고
부처님 가르침을 행하면 이 세상에 곧 부처님이 출생하시옵니다.
법(法)이 불(佛)이며, 법은 추상적 이치에 있는 것이 아니고 구체적
인 바른 행동에 있기 때문입니다. 그러므로 법공양이 참된 부처님
공양이며 이로써 일체 부처님께 참된 공양을 성취합니다.

  법공양을 행함은 일체 불보살이 바라시는 바를 실현하는 것입니
다. 그러므로 법공양을 행하면 보리의 싹이 자라고, 법공양을 행하
면 무량공덕문이 열리며, 법공양을 행하면 중생이 성숙되고, 법공
양을 행하면 국토가 맑아지오며, 제불보살이 환희하시옵니다. 저희
들은 이 생명을 법공양으로 빛내겠습니다.

  부모님께 공양하겠습니다. 아내와 남편에게 공양하겠습니다. 형

제와 이웃과 모든 동포 모든 인류에게 공양하겠습니다. 이 생명 영원하고 청정함과 같이 영원히 법공양을 행하겠습니다.

## 5. 참회분(懺悔分)

모든 업장을 참회하겠습니다.

기나긴 과거세에서 오늘날에 이르도록 햇빛보다 밝은 참 성품을 어기고 많은 죄업을 지었습니다. 기나긴 과거세에서 금생에 이르는 동안 미혹하고 어리석어 성내고 탐욕 부려 많은 죄를 지었습니다. 몸으로 죄를 지었습니다. 입으로 죄를 지었습니다. 생각에만 있을 뿐, 행이나 말로 나타나지 아니한 죄도 또한 많이 지었습니다. 그 사이에 지은 죄는 아는 것도 있고 모르고 범한 죄도 있사오며, 지은 죄를 잊은 것도 한이 없습니다. 이 모든 죄가 만약 형상이 있다면 허공으로 어찌 용납할 수 있으리까?

이제 불보살님 앞에 머리 조아려 참회하옵니다. 영영 다시는 짓지 않겠사오며 영원토록 청정자성을 행하여 나아가겠습니다.

이제 저의 밝은 자성 드러내어 살피옵건대, 저희들이 지난 동안 지은 바 모든 죄업들은 자성 앞에 가로놓인 한조각 구름이오며 한 가닥의 안개인 듯하옵니다. 내 이제 청정한 삼업으로 돌아가 모든 불보살님 전에 거듭 지성으로 참회하옵니다. 다시는 악한 업을 짓지 않겠습니다. 영영 청정한 일체 공덕 속에 머물러 있겠습니다.

죄업은 이것이 어둠이오며, 참회는 이것을 밝은 자성광명 앞에 드러냄이옵니다. 찬란한 자성광명 앞에 어찌 사라지지 아니할 어둠이 있사오리까. 밝음 앞에 어둠이 사라지듯이 저의 참회 앞에 모든

죄업이 사라짐을 믿사옵니다. 죄업이 사라졌으매 다시 어찌 청정한
자성광명을 가로막을 것이 있사오리까. 참회하였으므로 죄업이 소
멸되고 모든 죄업이 소멸되었사오매 저의 생명에는 끝없는 부처님
의 자비공덕이 넘쳐 남을 믿사옵니다.

그러므로 저희들은 지성으로 참회하고는 다시는 죄를 생각하지
않겠습니다. 흘러간 구름을 좇지 않겠사오며 지나간 어둠을 마음속
에 붙들어 놓지 않겠습니다. 항상 밝은 마음, 항상 맑은 마음, 항상
활기찬 마음으로 일체 공덕을 실천하겠습니다. 끝없는 청정행을 펴
나아가겠습니다. 그리고 때없는 맑은 눈으로 일체 세계 일체 중생
을 대하겠습니다.


남이 잘못하는 듯이 보이는 허물은 남의 허물이 아니옵고, 저 자
신의 허물임을 알겠습니다. 원래로 마음 밖에는 한 물건도 없는 것
이오매 어찌 내 마음의 허물을 떠나서 다른 사람의 허물이 있사오
리까? 밖에 나타나 보이는 허물은 이것이 나 자신의 마음속에 깃든
어두운 그림자의 나타남임을 알고 다시 참회하는 마음을 새로이 하
겠습니다. 고난과 장애를 당하여 결코 불평하거나 원망하지 않겠습
니다. 고난이 나타났으므로 업장이 소멸되고 참회하여 소멸되었음
을 믿고 기뻐하고 용기를 내겠습니다.


## 6. 수회분(隨喜分)

남이 짓는 공덕을 기뻐하겠습니다.

모든 부처님께서 처음 발심하실 때로부터 무상지(無上智)를 구하
기 위하여 부지런히 복덕을 닦을 새 몸과 목숨을 돌보지 아니하고

무한겁이 다하도록 난행고행을 행하시면서 가지가지 바라밀문(波羅蜜門)을 닦으신 그 모든 공덕을 기뻐하겠습니다.

가지가지 보살도를 원만히 닦으시고 마침내 무상도를 성취하시며 열반에 드신 뒤에 사리를 분포하시는 그 모든 공덕을 기뻐하겠습니다.

시방세계 모든 보살들과 모든 성자들과 모든 스님들이 닦으시는 온갖 공덕을 기뻐하겠습니다.

또한 시방 일체세계에 있는 사생(四生) 육취(六趣) 모든 종류 중생들이 짓는 한 털끝만한 공덕이라도 존중하며 기뻐하겠습니다.

일체 중생 어떤 종류의 중생이 짓는 공덕이라도 극진히 존경하옵거늘 하물며 보살들이 닦으시는 행하기 어려운 여러 수행이리까! 가지가지 난행고행으로 무상도를 이루시며, 모든 중생에게 가르치시고, 또한 우리에게 올바른 행의 표본이 되시며, 깊은 가르침을 주시고 나아가 불국토를 성취하시는 그 모든 공덕을 남김없이 찬양하고 기뻐하겠습니다.


세상에서 나쁜 사람이라고 낙인찍힌 사람일지라도 그가 행하는 착한 공덕이 또한 한이 없음을 믿고 그가 행한 털끝만한 공덕이라도 진심으로 기뻐하겠습니다.

나를 해치려 하고 모함하고 욕하고 억울한 누명을 씌우거나 또는 때리고 손해를 끼친 사람이라 하더라도 그가 지닌 공덕을 찬탄하고 그가 짓는 공덕을 기뻐하겠습니다.

모든 불보살님과 일체 중생과 저희들은 원래 한몸이옵기에 그 중에 어느 하나가 지은 공덕은 바로 그것이 저 자신의 공덕이기에 크나큰 기쁨이 아닐 수 없습니다. 함께 기뻐함으로써, 넓고 큰 기쁨이 너울치는 큰 생명을 가꾸어 가겠습니다.

　남이 짓는 공덕을 함께 기뻐하올 때 남과 나는 둘이 아님을 확인하옵니다. 이 세간 누구와도 대립된 자 없고 불화할 사람 없사오니 이 천지 누구와도 화합하고 화목하게 지내며 존중하겠습니다. 화합하지 아니함은 대립한 것이요, 두 쪽이 된 것이며 은혜를 주신 수많은 불보살님과 담을 쌓고 척을 짓는 것이 되옵니다.
　설사 부처님께 공양하고 부처님을 받들어 섬기며 경전을 줄줄 외운다 하더라도 만약 부모님이나 부부나 형제나 이웃이나 그밖에 벗들과 화목하지 못한다면 부처님께 공양은 성취되지 못하옵니다. 부모님과 형제와 모든 이웃과 한마음이 되고, 존경하고 아끼고 함께 기뻐하올 때 불보살님께 공양이 성취됨을 믿사옵니다.

　부처님은 일체를 초월한 불이(不二)로 계시오며, 일체 중생을 하나로 하신 곳에 계시옵니다. 일체와 화합하고 일체와 둘이 아님을 쓰는 데서 저희들은 부처님의 은혜를 받을 수 있는 것이며 그 기쁨을 누릴 수 있사옵니다. 남이 짓는 공덕을 기뻐한다는 것은 진정 그와 더불어 마음을 함께 함이옵니다. 저희들은 남이 짓는 공덕을 함께 기뻐함으로써 거기에서 부처님이 주시는 자비하신 은혜를 받을 마음바탕을 이루게 됨을 믿사옵니다.

　이와 같이 한마음이시며 큰 은혜를 베푸시는 부처님께 감사하겠습니다. 부모님과 형제에게 감사하겠습니다. 감사는 바로 화목이며 둘이 아님을 이루는 것이오매 저희들은 일체 중생에게 감사하겠습니다. 한몸이 생각 없이 한 몸의 완전을 도모하듯이, 둘이 아닌 경지에서는 결코 서로에 해침이 없사옵니다. 일체 중생에게 감사하여 둘이 아니며, 그의 승리, 그의 성공, 그의 공덕을 찬양하고 기뻐할 때, 그 모두는 나와 더불어 한몸이거니 어느 무엇이 나를 해칠 자 있으오리까. 일체 중생과 둘이 아닌 이 몸을 이루게 하는, '감사'와 '함께 기뻐하는' 이 심묘한 법을 저희들은 생명껏 노래하고 받들어 행하겠습니다.

## 7. 청법분(請法分)

설법하여 주시기를 청하겠습니다.

일체 세계 처처에 한량없는 부처님이 계시니 제가 그 모든 부처님께 몸과 말과 뜻을 기울여 여러 가지 방편을 지어서 설법하여 주시기를 권청하겠습니다. 아무리 많은 세간적 영화가 가득 찼다 하더라도 그것은 모두가 잠깐이기에 번개나 아침이슬과도 같은 것이라 믿고 의지할 바 못 되지만 부처님 법은 이것이 영겁의 보배이며 영원한 생명수(生命水)입니다. 부처님의 법으로 중생은 대해탈을 성취하며 이 세계는 불국토로 바뀝니다. 이 법이 머무르는 곳에 태양이 있는 것이고, 이 법이 숨었을 때 영겁에 어둠이 있다고 하옵니다. 진정 부처님 법은 진리의 태양이십니다. 오래오래 이 땅에 머물러서 영원토록 중생들을 이롭게 하여 주시기를 간절히 바라옵니다.

부처님 법은 원래 있는 것이매, 쇠(衰)하거나 성(盛)할 것도 없사옵니다. 부처님이 나타나시어서 다시 더한 법이라도 가히 보탤 것도 없는 것이오나 그러나 미혹한 중생들에게는 부처님의 말씀이 아닌들 어찌 영원한 감로의 법을 알 수 있사오리까! 부처님의 설법을 통해서 비로소 저희 앞에 불법이 나타날 수 있사옵니다. 불법이 있음으로써 중생의 희망도 국토의 평화도 마침내 이룰 수 있사옵니다. 참되게 살고 싶어도 거짓과 다툼과 고통의 수레바퀴를 벗어나지 못하는 것은 중생들이 불법을 모르는 데서 오는 것이오니, 진실로 설법은 중생과 세계를 붙들어 나아갈 가장 근원적인 지혜며 힘이시옵니다.

모든 부처님께 설법하여 주시기를 청하겠습니다. 모든 대보살께 설법하여 주시기를 청하겠습니다. 모든 선지식들과 모든 스님들께 설법하여 주시기를 청하겠습니다. 설사 잠시동안 스님을 만나거나 잠깐동안 삼보도량에 머물렀거나 한 장의 경전을 읽은 사람에게까지도 설법하여 주시기를 청하겠습니다.

저의 몸과 저의 말과 저의 뜻을 다 바쳐서 설법을 청하겠습니다. 이 땅 위에 평화가 영원하도록 모든 중생이 환희하도록 이들 모두를 가꾸고 키워 주시는 감로의 법우(法雨)가 끊임없이 포근히 내려지도록 지극정성 기울여서 권청하겠습니다.

이 땅이 아무리 스산하고 이 땅이 아무리 캄캄하고 이 땅이 아무리 폭풍우가 몰아쳐도 필경 이 모든 불행과 악과 재난을 쓸어버리는 것은 오직 부처님의 법문뿐이오니, 대법문의 수레가 멈추지 않고 구르는 한 찬란한 아침해는 밝아 오는 것이며 구름을 몰아내는 한가닥 바람은 거기에 있사옵니다.

이 땅 위에 설법이 행해지는 데는 선지식이 계시고 설법할 법당과 법을 설할 모임이 있어야 하옵니다. 부처님에게 죽림정사(竹林精舍)와 기수급고독원(祇樹給孤獨園)이 있었듯이 청법하올 대중과 설법하올 처소가 있어야 하옵니다.

서로가 화합하고 환희하며 서로가 힘을 합하여 법륜 굴리기에 힘쓴다면 설법은 더욱더 우레같이 울려 퍼져서 우리 사회 구석구석에 감로법우(甘露法雨)가 넘쳐 납니다. 그러하옵기에 저희들은 법륜이 영원토록 구르게 하기 위하여 정성 다 바쳐서 설법환경을 가꾸겠습니다.

이 땅에 선지식이 나타나시어 법을 설하시는데 이를 비방하거나 모임에 불참하거나 허튼 말을 돌려서 불목하게 한다면 이것은 법륜이 구르는 것을 방해하는 것이오니 어찌 털끝만이라도 감히 그런 짓을 하오리까.


저희들은 맹세코 선지식께 설법하여 주시기를 청하겠사오며, 항상 법을 배우는 거룩한 무리들과 그 모임을 환희 찬탄하겠사오며, 법회가 열리는 곳이 비록 먼 곳이라 하더라도 가장 귀한 보물을 찾아가는 마음으로 찾아가 청법하겠사오며 선지식과 그 모임의 거룩하온 이름을 널리 드날리겠습니다.


## 8. 주세분(住世分)

모든 부처님께 이 세상에 오래 계시기를 청하겠습니다.

모든 보살들과 성문·연각·유학·무학 일체 선지식에게 열반에 드시지 말고 영원토록 이 세상에 머무시면서 중생들을 이롭게 하여 주시도록 권청하겠습니다.

부처님은 법계의 태양이시며 선지식은 일체 중생을 돕고 성숙시킬 마지막 의지처이십니다. 이 모든 성스러운 스승님께서는 항상 밝고 맑은 청정법을 흘러내시어 중생을 키워 주시고 세계를 윤택하게 하여 주시옵니다. 저희들은 이들 모든 부처님과 모든 선지식을 물 건너는 사람의 부랑(浮囊)과 같이 생각하고 존중하고 의지하며, 세간의 안목으로 받들고 섬기겠습니다. 생명의 물줄기는 이들 성스러운 선지식을 통해서 흘러나옵니다. 이 땅 위에 감로수가 끊이지 아니하도록, 복전이 영원하도록, 지혜의 태양이 영원히 빛나도록, 중생이 의지할 두려움이 없는 힘이 영원하시도록, 저희들은 기원드리겠사오며 모든 선지식에게 열반에 드시지 말고 영겁토록 머물러 주시기를 지심 권청하겠습니다.

선지식께서는 우리를 가르치시며 우리와 함께 일하시며 우리를 보호하여 주십니다. 우리의 선지식께서는 불조의 정지견(正知見)을 갖추셨으며 마음에 상이 없으시고 항상 청정범행을 찬탄하시옵니다. 설사 저희들이 친근코자 하여도 교만하지 않으시고 저희들이 멀리하여도 원한이 없으시오니, 저희들은 이 모든 선지식에게 목숨 다 바쳐 공양하고 섬기겠습니다.

선지식이 이 땅에 머무시올 때 이 땅에는 안목이 있는 것이며 선지식이 이 땅을 떠났을 때 이 땅은 지혜의 눈을 잃으옵니다. 선지식이 아니 계시올 때 중생들은 무엇을 인하여 기나긴 미망의 밤을 헤어날 수 있사오리까.

오늘 저희들은 거룩하온 선지식들을 모시고 있사옵니다. 맹세코 이들 모든 선지식을 공양하고 섬기오면서 그 가르침을 받들어 행하

고 일체 불찰 극미진수겁(極微塵數劫)토록 이 세상에 머물러 주시
기를 권청하겠습니다.

일찍이 유덕왕(有德王)이 각덕(覺德) 비구를 보호하고자 하여 스
스로의 신명을 바침으로써 아촉불국(阿閦佛國) 제일의 성문이 되었
고, 마침내 그 호법공덕으로 정각을 이루심과 같이 저희 또한 일체
의 선지식을 받들고 섬기어 거룩한 법이 이 땅에 영원히 머물도록
힘쓰겠습니다.


## 9. 수학분(隨學分)

항상 부처님을 따라 배우겠습니다.

부처님의 견고하신 발심과 불퇴전(不退轉)의 정진을 따라 배우겠
습니다.

지위나 재산이나 명예나 내지 목숨까지도 보시하신 것을 따라
배우겠습니다.

헤아릴 수 없는 난행고행을 닦으시고, 보리수하에서 대보리를 이
루시고, 가지가지 신통변화를 일으키시던 일을 다 따라 배우겠습니
다.

어떤 때는 부처님 몸을 나투시고, 어떤 때는 보살 몸을 나투시고,
혹은 성문 연각의 몸을 나투시고, 성왕이나 학자나 정치가나 사업
가나 혹은 무명의 거사신(居士身)을 나투시기도 하며, 혹은 천룡팔
부 등 신중(神衆)의 몸을 나투시면서 저들이 모인 곳에 이르러 저
들을 성숙시키던 일들을 다 따라 배우겠습니다.

부처님의 음성은 원만하시고 중생의 근기 따라 알아듣게 하시며
그들의 마음을 열어 번뇌를 쳐 없애고 지혜와 환희가 넘쳐나게 하

시며 마침내 저들의 기뻐함을 따라서 수행을 성취하게 하시니 저희
들은 그 모두를 따라 배우겠습니다.

부처님께서 열반을 보이심은 중생의 방만(放慢)을 여의게 하고자
하심이시니 짐짓 열반상을 보이시나 실로는 멸도함이 없사옵니다.
영원토록 중생들을 깨우치고 키워 주시고자 온갖 방편 베푸시며 잠
시의 쉼도 없으시는 그 모두를 따라 배우겠습니다.


부처님께서 발심하고 정진하고 고행하시고 대각을 이루시고 교
화하시는 그 사이에 베푸신 칭량 못할 무량법문은 모두가 중생들이
닦아가야 할 표준을 보이심이십니다. 청정한 자성을 구김 없이 온
전히 드러내는 과정과 방법을 보이심이오니 저희들은 이 모두를 따
라 배워서 본래의 함이 없는 땅에 이르겠습니다. 누구나 중생된 몸
에서부터 시작하여 번뇌의 몸, 업보의 몸, 그 모두를 벗어나고 청정
한 본법신(本法身)을 이루고자 할진대, 부처님이 행하신 바 그 모두
는, 마땅히 배우고 의지하고 닦아 이룰 위없는 대도이며 묘법임을
깊이 믿고 지성 다해 받들어 배우겠습니다.


## 10. 수순분(隨順分)

항상 중생을 수순하겠습니다.
진법계 허공계 시방세계에 있는 모든 중생을 수순하겠습니다.
태로 낳든 알로 낳든 출생의 차별 없이 수순하겠습니다. 땅에 살
든 물에 살든 하늘에 살든 풀섶에 살든 마을에 살든 궁전에 살든,
그 모든 중생을 수순하겠습니다.
몸의 형상이 어떻게 생겼더라도 차별하지 아니하고, 그의 수명이

길든 짧든 나이가 많든 적든 차별하지 아니하고 수순하겠습니다.

종족이나 그가 속한 계급을 보지 않고 수순하겠사오며 그의 심성이 간악하든, 질투하든, 넓든 좁든, 선하든 악하든, 모두를 수순하겠습니다.

지혜 있든 지혜가 없든, 어떠한 행동을 하든, 거동과 형색이 아무리 괴이하더라도 다 한결같이 수순하겠습니다.

형상이 있든 없든, 생각이 있든 없든, 빛깔이 있든 없든, 모든 중생들을 다 수순하겠습니다.


부모와 같이 공경하며 스승이나 아라한이나 내지 부처님과 조금도 다름없이 받들어 섬기겠습니다. 병자에게는 어진 의원이 되고 길잃은 자에게는 바른길을 가리키고 어두운 밤중에는 광명이 되고 가난한 이에게는 보배를 얻게 하면서 일체 중생을 평등하게 받들고 그의 이익을 도모하겠습니다.

중생을 수순함은 모든 부처님을 수순함이 되며 중생을 존중히 받들어 섬기면 여래를 존중히 받들어 섬김이 되며 중생으로 하여금 환희심이 나게 하면 여래로 하여금 환희하시게 함이오니 저희들은 모든 중생에게 부처님을 대하듯 공경하고 받들어 섬기겠습니다.


부처님을 큰 나무에 비유하오면 중생은 나무의 뿌리요 보살은 꽃과 과실이시옵니다. 만약 나무 뿌리에 물을 주면 어찌 지혜의 꽃과 과실이 무성하지 않겠사오며 여래이신 나무가 환희로 장엄하지 않으오리까? 부처님께서는 중생으로 인하여 대비심을 일으키시고 대비심으로 인하여 보리심을 발하시며 보리심으로 인하여 정각을 이루신다 하시니 중생을 공경하고 받들어 섬김이 이 어찌 부처님을 받들어 섬김이 아니오리까?

중생이 없사올 때 일체 보살이 성불하지 못한다 하셨사옵니다. 저희들은 모든 중생을 받들어 섬기겠습니다. 원수거나 친한 이나 차별없이 받들어 섬기겠습니다. 그러하옵거늘 어찌 부모님이나 아내나 남편이나 형제와 이웃을 받들어 섬기지 아니하오리까? 이분들을 수순하고 받들어 섬기올 때 보살의 나무는 무성하고 보리의 화과(華果)가 성취되오며 저희들의 생활마당에 크나큰 공덕의 물결이 넘쳐오는 것을 믿사옵니다.

이와 같이 수순을 배워올 때 어찌 이 세상에 불화하고 불목하고 대립할 중생이 있사오리까. 저 모든 중생들은 부처님이 마땅히 거두시는 바며 내가 마땅히 회복하여야 할 자기생명의 내용입니다. 저들을 수순하고 받들어 섬김은 곧 참된 자기의 성장이며 원만성을 한층 성취하는 것이 되옵니다. 중생이 중생이 아니요 내 자성의 중생이오니 저들을 받들고 수순하며 공양하면 이것이 자기 제도며 중생 제도며 제불공양을 함께 하는 법공양이 아니오리까. 중생은 자성분별이요 수순은 자성청정의 실현이오니, 이것이 보살의 최상행임을 믿사옵니다. 중생들을 성숙하고 참된 이익을 주기 위하여 저희들은 부지런히 지혜를 닦겠사오며 다시 서원과 방편을 깊이 닦아서 항상 모든 중생을 수순하겠습니다.

## 11. 회향분(回向分)

지은 바 모든 공덕을 널리 중생에게 회향하겠습니다.

부처님께 예배하고 공경하며 모든 부처님을 찬양하며 내지 모든 중생을 수순한 것까지의 모든 공덕을 진법계 허공계 일체 중생에게 남김없이 회향하겠습니다.

바라옵건대 모든 중생이 항상 안락하여지이다. 일체 병고는 영영 소멸하여지이다.

악한 일을 하고자 하면 하나도 됨이 없고 착한 일을 하고자 하면 다 성취하여지이다. 저들이 나아가는 곳에 일체 악취의 문은 모두 닫히고 인간에나 천상에나 열반에 이르는 바른 길은 활짝 열려 있어지이다. 저 모든 중생들이 무시겁래 지어 쌓은 악업으로 인하여 한량없는 고초를 받게 되옵거든 제가 다 대신 받겠사옵니다. 바라옵나니 저 모든 중생이 모두 해탈하여 무상보리를 성취하여지이다.

제가 지은 공덕은 일체 중생의 공덕이 되어 저들의 미혹한 마음이 활짝 밝아지오며 불보살이 이루신 바 모든 공덕을 수용하고 불국토의 청정광명을 영겁토록 누려이지다.

옛 불보살님이 이러하셨으며 오늘의 불보살이 이러하시오매 저희들의 회향도 또한 이러하옵니다.

# 창작국악교성곡

## 보현행원으로 보리이루리

### 보현행원송(普賢行願頌)

작 시 – 光德

작 곡 – 靑岩 박범훈

# 보현행원송

## 서장

나무 삼계대사 사생자부 시아본사 석가모니불(佛)
나무 대방광불화엄경 입부사의해탈경계 보현행원품(法)
나무 여래장자 법계원왕 만행무궁 보현보살마하살(僧)


거룩할사　　부처님　　　위덕이여
빛나올사　　부처님　　　공덕이여
끝없는　　　자비하심　　걸림없는　　위신력이여
아! －
무엇으로　　견주어보고 그－누가　　짐작인들하오리까.
시방일체　　부처님이
불가설불가설 불찰극미진수겁에라도
다－말씀　　못하시는　　크옵신공덕이여
말과비유와 생각을　　　넘었어라.
아! －
거룩하온　　지혜시여

빛나옵신    위덕이여
온-국토    온-생명을
키우시는    빛이시어라
키우시는    빛이시어라.


불자여      형제여      이-땅의    광명이여
크옵신      공덕문은    활짝열리고
자비하신    손길이      기다리시니
어서어서    공덕문에    뛰어들지라
부사의      해탈문에    뛰어들지라
대원왕      보현행원    힘써닦아서
무량광      여래공덕    이룰지로다.


개경게(開經偈)
위-없이    심히깊은    미묘법이여
백-천-    만겁인들    어찌만나리
내-이제    보고듣고    받아지니니
부처님의    진실한뜻    알아지이다.


개법장진언(開法藏眞言)
옴 아라남 아라다 (3번)


대방광불화엄경입부사의해탈경계보현행원품(大方廣佛華嚴經入不
思議解脫境界普賢行願品)
부처님의    크신공덕    한량없어라

제불께서     무량겁을     연설한대도
지니신덕     소분조차     말씀못하네
누가있어     이공덕을     이루려하면
열-가지     행의원을     닦을지로다
열가지-     광대행원     닦을지로다


# 제1장

## 1. 예경제불원(禮敬諸佛願)

보현행원     수행하는     보살들이여
모--든     부처님께     예경할지라
시방세계     미진수불     빠짐이없이
눈-앞에     대-한듯     큰믿음으로
청정하온     삼업을-     모두기울여
염념-히     끊임없이     예경할지라

## 2. 칭찬여래원(稱讚如來願)

보현행원     수행하는     보살들이여
일체여래     모든공덕     찬탄할지라
시방세계     미진수의     부처님회상
한량없는     보살들이     함께하신데
미묘한말     무진음성     모두기울여
염념히-     끊임없이     찬탄할지라

3. 광수공양원(廣修供養願)

보현행원　　수행하는　　보살들이여
시방세계　　일체불께　　공양할지라
수행하고　　중생돕고　　대신고받고
선근닦아　　보살업을　　쉬지않으며
보리－심　　여의잖고　　중생거두는
진실공양　　법공양에　　끊임없어라


4. 참회업장원(懺悔業障願)

보현행원　　수행하는　　보살들이여
무시이래　　지은업장　　참회할지라
지난동안　　지내－온　　무량겁중에
탐심진심　　삼독심－　　삼업으로서
지은악업　　허공을－　　지내오리니
염념－히　　끊임없이　　참회할지라


5. 수희공덕원(隨喜功德願)

보현행원　　수행하는　　보살들이여
모든여래　　지은공덕　　기뻐할지라
일체제불　　초심부터　　무량겁동안
신명을－　　바쳐가며　　닦은선근과
가지가지　　바라밀다　　원만히닦아
이루옵신　　무상보리　　수희할지라

## 6. 청전법륜원(請轉法輪願)

보현행원    수행하는    보살들이여
일체불께    설법-을    청할지로다
시방세계    끝이없는    불국토에서
미진수-    불보살님    함께하신데
몸과말과    종종방편    모두기울여
묘한법륜    굴리기를    청할지로다

## 7. 청불주세원(請佛住世願)

보현행원    수행하는    보살들이여
일체제불    주세간을    청할지로다
일체세계    미진수불    열반들때와
성문연각    유무학과    선지식들께
열반에-    들지말고    미진겁토록
중생들을    이락토록    권청할지라

## 8. 상수불학원(常隨佛學願)

보현행원    수행하는    보살들이여
어느때나    여래따라    배울지로다
비로자나    부처님이    발심하시고
신명을-    아끼잖고    정진하시며
가지가지    난행닦아    보리이루고
중생들을    성숙시킴    배울지로다

## 9. 항순중생원(恒順衆生願)

| | | |
|---|---|---|
| 보현행원 | 수행하는 | 보살들이여 |
| 온갖형상 | 일체중생 | 수순할지라 |
| 부모님과 | 스승님과 | 부처님처럼 |
| 섬기고 - | 받들고 - | 공양올리며 |
| 길 - 잃은 | 이에게는 | 길을가리켜 |
| 평등하게 | 요익하고 | 수순할지라 |


## 10. 보개회향원(普皆廻向願)

| | | |
|---|---|---|
| 보현행원 | 수행하는 | 보살들이여 |
| 중생에게 | 모든공덕 | 회향할지라 |
| 중생들이 | 안락하고 | 선업닦아서 |
| 악도문은 | 굳게닫고 | 열반길열며 |
| 악업으로 | 받는고는 | 대신다받아 |
| 모두모두 | 무상보리 | 이루게하라 |


## 후렴

| | | |
|---|---|---|
| 허공계가 | 다 - 하고 | 중생다하고 |
| 중생의 - | 번뇌가 - | 다할지라도 |
| 보살의 - | 행원은 - | 다하지않아 |

제2장

보살이여　　이것이　　　열가지　　　행원이니
누구나 －　　이대원을　　받들어　　　행한다면
이것이 －　　중생들을　　성숙하여　　나감이며
아뇩다라삼보리에　　　　수순하고　　행함이며
보현보살　　큰행원을　　원만하게　　이룸이라


어떤보살　　세상에서　　으뜸가는　　칠보산과
인간이나　　천상에 －　　다시없는　　안락으로
일체세계　　중생에게　　무량겁을　　보시해도
이원왕이　　귀에한번　　지나침만　　못하나니
그공덕은　　만분에도　　미치지 －　　못하니라


어떤사람　　신심으로　　대원왕을　　수지하면
일체죄업　　일체고뇌　　모두다 －　　소멸되고
마군이나　　나찰들도　　발심하고　　수호하니
짙은구름　　벗어난 －　　달빛처럼　　자재하여
불보살님　　칭찬받고　　천상인간　　예경하리


이사람은　　인간되어　　보현공덕　　원만하고
보현보살　　미묘색신　　모두속히　　성취하고
어느때나　　천상인간　　승족중에　　태어나서
일체악취　　일체외도　　모두다 －　　조복받아

사자왕이    당당하듯    중생공양    받으리라


이사람은    연꽃속에    태어남을    보게되고
부처님의    수기받고    시방세계    다니면서
백천만억    나유타겁    중생따라    이익주고
마군중을    항복받아    보리도량    이르러서
무상정각    이루우고    묘법륜을    굴리리라


이사람이    임종할때    일체몸은    무너지고
일체친속    일체위세    따라옴이    없건마는
오직보현    원왕만은    그의앞길    인도하여
찰나중에    왕생극락    아미타불    친견하고
문수보현    관음미륵    제보살을    뵈오리라


한량없는    세계중생    보리심을    내게하고
근기따라    교화하여    무량중생    이익주니
대원왕을    들었거나    그말씀을    믿었거나
수지하고    독송하고    남을위해    말해주는
그사람이    지닌공덕    부처님만    능히알리


그대들은    원왕듣고    의심을    내지마라
마음비워    받고읽고    능히외워    지니면서
서사하고    남을위해    설해주는    그사람은
일념중에    모든행원    모든복취    성취하여
고해중생    건져내어    극락국에    나게하리

보현행원은 나의 진실생명의 문을 엶이어라.
                무량위덕 발휘하는 생명의 숨결이어라
보현행원은 나의 영원한 생명의 노래
        나의 영원한 생명의 율동
        나의 영원한 생명의 환희
        나의 영원한 생명의 위덕, 체온이며 광휘이며
        그 세계이어라


내이제목숨바쳐   서원하오니
삼보자존이시여   증명하소서
보현행원을      수행하오리
보현행원으로     불국이루리
보현행원으로     보리이루리


나무 마하반야바라밀다
나무 대행보현보살마하살

# 金河堂 光德大禪師 年譜

作成, 2001년 2월 1일
1차 수정·보완, 2001년 10월 16일
2차 수정·보완, 2002년 12월 1일

| 연도 | 연령 | 연　　　　보 |
|---|---|---|
| 1864 | 甲子 | 후일, 翁師가 되신 새 佛教運動 大覺教의 開創祖 龍城震鐘 祖師 誕生(朝鮮 高宗 1年). |
| 1886 | 丙戌 | 龍城祖師, 경북 선산 모례원에서 勇猛精進 結社로 悟道(당년 23세). |
| 1890 | 庚寅 | 후일, 恩師가 되신 淨化佛事의 大功德主 東山慧日 大宗師 誕生(용성조사, 27세). |
| 1897 | 丁酉 | 후일, 法師가 되신 韶天大禪師 誕生. |
| 1905 | | 제2차 韓日協約(을사보호조약) 체결. |
| 1910 | | ① 3월, 안중근 義士, 여순 감옥에서 순국(死刑).<br>② 8월 22일 韓日合邦條約 調印. |
| 1912 | | ① 東山慧日 大宗師 出家(당년 23세).<br>② 후일, 拈華知音의 師兄이 되신 淨化佛事의 完成者이며 禪佛教의 思想家 退翁性徹 大宗師 誕生. |
| 1919 | | ① 光武帝의 國葬을 계기로 전국 각지, 방방곡곡에서 기미년 독립운동(3.1운동)이 요원의 불길로 勃發.<br>② 龍城祖師 독립운동으로 수감(상좌인 東山 대종사 3년간 옥바라지). |

| 1919 |  | ③ 上海 임시정부 수립.<br>④ 韶天禪師 3.1 독립운동 참가 후, 김좌진 장군 휘하에 入隊(당년 23세). |
| --- | --- | --- |
| 1921 |  | 龍城祖師 大覺敎 創立. |
| 1927<br>(丁卯) | 1 | ① 東山 大宗師 金泉 直指寺에서 悟道(당년 38세).<br>② 4월 4일(음 3.3), 경기도 화성군 오산읍 내리에서 아버지 高公 準學, 어머니 金氏 東娘의 2男3女 중 넷째로 출생. 본관 제주, 본명 秉完. |
| 1935 | 9 | 退翁性徹 大宗師 東山 門下로 出家(당년 24세).<br>(당시 東山 大宗師 46세, 海印寺 白蓮庵 住錫). |
| 1939 | 13 | 兄, 秉烈 死亡. |
| 1940 | 14 | 4월 1일(음 2.24) 龍城祖師 入寂(世壽 77세, 法臘 61세). |
| 1941 | 15 | 아버지, 高公 準學 別世. |
| 1945 | 19 | 日帝 强占에서 解放. |
| 1946 | 20 | 어머니, 金氏 東娘 別世. |
| 1947 | 21 | ① 韓國大學(현 서경대학의 前身)에 進學, 폐결핵 感染.<br>② 둘째 누이 死亡. |
| 1950 | 24 | ① 韓國戰爭 勃發, 가을 釜山 梵魚寺 入山.<br>② 東山선사와의 만남을 통해 인생관, 세계관의 일대 전환을 맞이하여 범어사 선방(청풍당), 관음전, 지장전, 미륵암, 금강암, 송도, 죽도, 삼천포, 함안 장춘사 등에서 발분 정진. |
| 1951 | 25 | 칠월칠석(양 8.9), 東山 大宗師를 戒師로 沙彌十戒 수계식 도중, 受 十戒를 受 五戒로 복창하고 스스로 거사의 신분으로 낮추어 겸허하게 수행함. |

| 1953 | 27 | 韶天大禪師의 覺運動과 그 思想에 깊이 契合한바 '金剛經讀誦救國願力隊'에 참여 전국 순회. |
|------|----|-----------------------------------------------------------------------------------------|
| 1954 | 28 | ① 釜山 東萊 온천장 金井寺에서 悟道.<br>② 부산 범일동에서 최초의 法燈家族 특별법회 시작(1년간 매주 실시).<br>③ 한국불교 淨化佛事 시작됨. |
| 1956 | 30 | 대각회 창립, 초대회장에 취임(9.16). |
| 1959 | 33 | 가을, 범어사 禪院에서 性昊·眞常·日陀 등 선사들과 現代禪學硏究會를 결성하고 취지문을 작성, 발표한 뒤 『벽암록』 및 여러 禪典을 현토함. |
| 1960 | 34 | ① 범어사 보살계 때(음 3.15) 東山大宗師를 恩師와 戒師로 受戒<br>② 4.19 혁명<br>③ 大韓佛敎譯經院을 설립하여 『벽암록』·『선문촬요』·『선문염송』·『선관책진』·『선문단련설』등 출판(현토). |
| 1961 | 35 | ① 佛國寺에서 現代禪學硏究會 주최, 雪峰 師, 초청, 『벽암록』 최초 강의.<br>② 5.16 군사쿠데타 |
| 1962 | 36 | ① 『벽암록』(성호 현토본) 간행(편집·현대선학연구회, 발행·대한불교역경원).<br>② 曹溪宗 서무국장으로 宗憲·宗法 제정과 불교재산관리법을 주도적으로 成案하고 기타 종단 法令 마련으로 종단의 법률적 틀을 만듦. |
| 1963 | 37 | 한국대학생불교연합회 창립(9.22, 초대 지도법사 취임). |
| 1965 | 39 | ① 恩師, 東山大宗師 入寂(음 3.23, 양 4.24. 오후 6시 무렵 世壽 76세, 法臘 53세).<br>② 서울 奉恩寺 結社(주지취임)로 대학생 수도원 설립(9.12). |

| 1965 | 39 | ③『보현행원품』(프린트본)-한국대학생불교연합회 교본으로 발행(6.5).<br>④ 학교법인 대동학원 이사 취임(8.18~1974.2.6). |
| 1966 | 40 | 학교법인 원효학원 이사 취임(~1979.3.4). |
| 1967 | 41 | 『선관책진』 간행(진수당, 10.15). |
| 1968 | 42 | 『보현행원품』 간행(해인사판, 성철스님 서문). |
| 1971 | 45 | ① 조계종 총무부장 취임(~1973.1.25).<br>② 조계종 총무원장 직무대행(청담스님 입적시, 11.25). |
| 1972 | 46 | ① 自號 運海 사용(진리의 태양을 좋아하고 추종한다는 뜻의 高運海).<br>② 10월 維新 政治 쿠테타 敢行. |
| 1974 | 48 | ① 財團法人 大覺會 理事長 就任(3.25~1976.6.29).<br>② '한마음헌장' 선포(4.2), 월간 「불광」 창간호에 게재.<br>③ 大覺寺에서 佛光會 創立(9.1).<br>④『반야심경 강의』 완성-禪智와 般若眼의 究極을 밝힌 佛光敎典.<br>⑤ 月刊 「佛光」 創刊, 發行人 登錄(11.1, 불광회를 모체로 함).<br>⑥ 순수불교 선언(월간 「불광」 창간호-새불교결사운동). |
| 1975 | 49 | ① 대각사에서 佛光法會 創立(10.16, 불광회를 모체로 함).<br>②『法寶壇經』 刊行(대각출판부). |
| 1976 | 50 | 사리불법등(대학생법회) 창등(2.5). |
| 1977 | 51 | ① 普賢行者의 誓願 발표.<br>② 救國救世의 보살을 양성하기 위해 『菩薩聖典』 간행(10.30).<br>③ 學校法人 東國學園 理事 就任(11.23~1993.11.13). |

| 1978 | 52 | ① 法師 韶天大禪師 入寂(4.15, 세수 82세).<br>② 禪智와 般若眼의 寶庫 『禪門要典』 간행(10.9). |
|---|---|---|
| 1979 | 53 | ① 파라미타 합창단 창단(3.29).<br>② 연꽃마을 이야기 출간(5.30).<br>③ 佛光出版部 開設(10.10), 發行人 登錄.<br>④ 12.12 新軍部 쿠데타 敢行. |
| 1980 | 54 | ① 싣달법등(중고등학생법회) 창등(9월).<br>② 新軍部 政權의 10.27法難 恣行. |
| 1982 | 56 | ① 잠실 벌판에 佛光寺 竣工 奉獻(10.24.)-불광 제2기 잠실시대 개막.<br>② 마하보디 합창단 창단(11월). |
| 1983 | 57 | ① 活功救國救世運動을 위한 正法護持 發願(8월 3일 호법발원) 시작.<br>② 불광의식집 『불광법회요전』 발간(3.10). |
| 1984 | 58 | 대웅전(후불탱화) 금판 금강경 주조 봉안(2.11). |
| 1986 | 60 | ① 佛光幼稚園 設立(10.19).<br>② 佛光布教院 設立(10.19). |
| 1987 | 61 | ① 回甲記念 불교 시론집 『빛의 목소리』 간행(3.20).<br>② '판소리 불타전' 공연-상수불학운동(5.5).<br>③ 6.29 시민항쟁 승리선언. |
| 1991 | 65 | 월간 「불광」 200호 발행(6.1). |
| 1992 | 66 | ① 創作 國樂交聲曲 '普賢行願頌' 발표 공연으로 새불교운동을 거듭 제창함과 아울러 불교음악의 새로운 지평을 여는 계기가 되었음(4.2, 세종문화회관 대강당).<br>② 財團法人 大覺會 理事長 就任(5.12~1999.9.10). |

| 1992 | 66 | ③圖書出版 한강수 開設(10.27), 發行人 登錄.<br>④佛光教育院 設立(10.26, 석촌동 160-2의 건물 매입). |
|------|----|---|
| 1993 | 67 | ①財團法人 普德學會 理事 就任(3.30~1996.3.30).<br>②分坐知音 退翁性徹 大宗師 入寂(11.4, 海印寺 堆雪堂에서 世壽 82세, 法臘 59세). |
| 1996 | 70 | 창작 국악 교성곡 '父母恩重頌' 발표공연(5.11, 국립중앙극장). |
| 1998 | 72 | 週報(일요정기 법회용) 제1,000호 발행(8.9). |
| 1999 | 73 | ①佛光寺 法主室에서 2월 27일(음 1.12) 오후 2시 무렵, 大圓寂 般若寂光三昧에 듦(爲法忘軀의 大慈大悲가 化歸本空 함).<br>②入寂 100일(6.6) 추모재(도피안사) 奉行.<br>③『광덕스님 시봉일기 1』(내일이면 늦으리) 출판(6.6).<br>④광덕스님 속환발원기도-티베트 수미산 순례단 출발(7.8). |
| 2000 | | 광덕스님 속환발원-1,000일기도 입재(2.27) 資 송암 奉行 精進(도피안사). |
| 2001 | | ①『광덕스님 시봉일기 2』(징검다리) 출판(2.27, 대원적 2주기).<br>②범어사에 行蹟碑와 부도 제막(10.21).<br>③『광덕스님 시봉일기 3』(구국구세의 횃불) 출판(12.30). |
| 2002 | | ①『광덕스님 시봉일기 7』(사부대중의 구세송) 출판(7.1).<br>②입적 3주년 및 도솔산 개산 10주년 '환생' 전시회 개최(11.22, 서울 불일미술관), 도록『환생』 발간. |

門人 松菴至元 錄

# 미묘하신 부처님 뜻을 찾아서

우리나라, 대한민국시대에 들어와서 가장 먼저 「보현행원품」의 중요성을 깨달은 분은 용성조사(龍城祖師)의 문하(門下)와 문손(門孫)들이었다. 이는 일찍이 조사께서 불교사상을 통한 독립운동으로 행원불교를 주창하셨기 때문이 아닌가 생각해 본다. 그러나 조사께서 몸소 구체적인 보현행원의 사상운동을 내세우신 것은 아니고, 그 아래 대(代)에 와서 본격 시작되었다. 특히 조사의 문인이셨던 동산대종사(東山大宗師)는 일상(日常)을 통해 행원을 꿰뚫고 있다. 삶이 바로 보현행원 사상의 실천으로 직결되어 있다. 그러나 한국에서 본격적인 보현행원 운동은 선사(先師)의 「보현행원품」 우리말 번역과 궤를 같이 한다. 대학생불교연합회 회원들의 교재였던 「보현행원품」을 국역한 주인공은 조사의 문손이며, 생전에 '보현보살'로 불린, 스님[先師 : 金河堂光德大禪師]이셨다.

스님께서는 평생의 도반이었던 당시 진주 의곡사 주지로 있던 석정스님이 『보현행원품』과 『백팔예참문』, 『선관책진』 등의 출판을 권유하자 바로 응했다고 한다(광덕스님 시봉일기 7권 39쪽 참조). 사실 그때 스님은 이미 그 세 권의 책을 출판하려고 번역을 완성해

놓았다. 다만 출판의 때를 기다리고 있었는데 출판 비용을 주선해 주겠다는 도반의 청이 있자 바로 결실을 보게 된 것이라고 여겨진다. 나아가 이 책을 해인사 백련암에 계시던 성철스님께서 보시고는 격려와 찬탄을 더하고 자청하여 서문을 쓰셨다.

그때는 정화 이후, 종단적으로 도제양성에 한창 힘을 기울일 때였다. 마침 종단의 원력불사 중에 하나였던 '대학생불교연합회'가 결성되었다. 그 초대 지도법사가 스님이셨고 총재가 성철스님과 청담스님, 지도교수로는 박성배, 서경수 교수였다. 그때 사회지도자인 재가보살의 인재양성을 위한 대학생불교연합회 회원들의 수행교과서가 바로 스님께서 번역한 이『보현행원품』이었다. 당시는 책으로 나오기 전이므로 그때그때 등사판에 밀어서 사용했다.


광복 이후부터 대한민국시대에 접어들면서 일어난 대표적인 불교운동으로 3대 결사가 있다. 가장 먼저 성철스님이 주동이 된 봉암사 수행결사와 1954년부터 시작된 동산스님이 발화한 정화결사와 1960년대 초에 광덕스님이 봉은사 주지를 자청하면서까지 앞장서고 이에 뜻을 같이한 분들이 결성한 인재양성의 대학생불교연합회 보살결사였다.

편자가 선사(先師)의 회하에 있을 때, 선사의 가르침에 대한 궁금점을 질문했다. 불교운동을 하면서 왜 하필 구국구세를 강조하느냐에 대해서였다. 이에 선사는 "만약 대한제국 때 우리가 우리의 힘으로 나라를 지켰더라면 일본이 망상을 부리지 못했을 것이다. 우리가 우리나라를 지키지 못했기에 동양의 평화가 깨졌고 수많은 생령들의 고통이 시작된 것이다. 그러므로 곧 우리가 우리나라를 지키는 것이 세계평화를 달성하는 초석이다"라고 답하셨다. 물론 거기에는 그냥 구국구세가 아닌 대각구국구세인 것이다. 바로 우리 불교의 전통적인 반야호국을 계승하고 있는 것이다. 일찍이 중국 당대의 현장법사는 '반야경은 진국(鎭國)의 요전(要典)이며 인천(人天)의 대보(大寶)이다'라고 했다. 이에는 선현(先賢)들의 사상 속에는 반야와 행원을 나누지 않는 불이(不二)의 불교신앙으로 대하고 있음을 잘 보여주고 있다. 즉, 인간의 권능인 깨달음을 통한 불교 선각자들의 구국운동이 행원운동으로 직결되고 있다. 이것은 깨달음의 사회화로 통하고 깨달음의 공유를 통한 세계평화운동으로 이어져 있다.

당시의 선사와 성철스님, 그리고 한때 성철스님의 상좌였던 원조 거사 박성배 교수는 '보현행원품'에 대한 남다른 신앙을 가진 분들이었다. 편자가 미국의 박성배 교수님이 귀국했을 때, '광덕스님과의 인연'을 써 달라고 청하자, 대뜸 하신 말씀이 "저와 광덕스님과의 인연은 '보현행원품'밖에 없어요"라고 간단하게 답했다.

이번 교수님의 글을 실으면서 편자는 사뭇 감회가 깊었다. 교수님의 학덕이 중후하고 수행이 치열하여 후학들이 배울 점이 많아서이기도 하지만, 특히 이번 보현행원품 해설을 통해 선사의 진면목을 더 깊이 바라보게 되었다는 사실 때문이다. 그리고 또 우리 한국불교계가 행원사상으로 전환하지 않으면 안 되는 절체절명의 시대적 요청에 직면해 있는 시점이기도 하다. 얼마 전 편자는 '절이 존재해야 하는 가장 큰 이유는 법회를 열기 위해서입니다'라는 장문의 글(『법보신문』 제919호 12면)을 실은 적이 있고, 거기에 조계종 소의경전으로 『보현행원품』을 넣어야 한다고 주장했다.

부처님의 뜻이 어느 때, 어느 곳에서나 살아 있어야 한다는 것이 불자의 신앙이라면, 앞서서 보현행원 운동을 벌였던 한국불교의 선각자들을 통해 우리들 신앙의 나갈 길을 분명히 보게 된다. 우리 한국불교가 일대전환을 해야 할 때에 이르러 과연 어느 방향으로 나아가야 하는가에 대한 지침은 이미 명확하다는 것이다. 그 이후 선사께서는 불광의 새불교운동을 통해서 줄기차게 행원사상을 선양하였다. 즉 불광운동은 행원운동이고 새물줄기는 행동불교였다.

여기 책 앞에 올린 성철스님의 서문, 선사의 '보현행원품' 국역과 제2부에 실은 보현신앙을 확립한 '보현행자의 서원'과 보현원력대의 노래인 「보현행원송」은 선사의 행원신앙에 대한 총체적 모습이고 보다 심화된 한국불교의 내면이고 미래상이다. 이번 박성배 교수님의 '미국에서 강의한 『보현행원품』'으로 말미암아 우리 불교의 소의경전으로 진입하는 데에 큰 힘이 될 것이라고 본다. 세 분의 글은 미래 한국불교를 위한 입체적인 보현행원의 해설이다.(불광출판부에서 나온 先師의 『보현행원품 강의』는 여기에 싣지 않았다.)

특히 「보현행원송」은 선사의 생애, 마지막 결정판이라고 볼 수 있다. 1991년 여름부터 선사께서는 보현행원송 작시(作詩)를 착수했다. 글을 써 나가다가 수시로 편자인 불초(不肖)를 불러 대구(對句)를 맞추어 보고 가다듬기를 그 해 여름을 고스란히 바쳤다. 보고할 일이나 여쭈어야 할 일이 있어서 스님 방문을 열고 들어가면 보현삼매에 빠져서 돋보기 안경을 추스르며 미소 어린 모습으로 바라보시던 광경이 지금도 눈에 선하다.

그렇게 한 여름동안 용맹정진하여 얻은 선사 평생의 면모인 이 작시를 그 해 12월 말에 작곡가인 청암거사 박범훈 선생께 넘겼고 그 다음 해 4월 2일에 세종문화회관에서 창작국악교성곡으로 「보현행원송」을 발표, 공연했다.

이제 미국에서 오랫동안 세계적인 불교학자로서 활동한 원조거사 박성배 교수님도 어느덧 춘추가 높으셨고 거기에 따라 신체적인 불편도 늘어가고 있다. 노안으로 눈이 침침하여 컴퓨터 자판을 잘 볼 수 없을 정도로 힘이 들었음에도 이 글을 마무리해 주신 것에 대해 충심으로 감사의 뜻을 올린다. 아울러 이 책의 출판공양 발원을 한 법천거사 안세호 불자 내외의 좋은 뜻이 원만하길 지심 축원한다.

서문을 써 주신 지관큰스님, 추천사를 써 주신 청화큰스님과 원성 김종서·달공 조홍식 불자님 제위, 또한 교정·교열을 봐 주신 원기거사 이진두 불교신문 논설위원님과 독자의 편의를 위해 새로 주를 달고 1차 편집한 곽철환 선생님, 표지그림을 그린 이호신 화백과 표지 디자인을 한 김명희 님, 시골 절에서 매주 일요일마다 법회를 열어가고 있는 보현도량 형제들, 그리고 최종 마무리 편집을 한 이상옥 님, 이 모든 분께 다함없는 감사의 마음을 전한다. 이분들 모두가 이 시대 속에서 부처님 뜻을 찾는 한국불교의 구도자이고 선각자이시다.

나무마하반야바라밀다

나무대행보현보살마하살

불기 2552(2008)년 2월

先師의 입적 9주년을 앞두고

不肖門人 松菴至元 謹誌